Ausgehend vom philosophischen Selbstmord des 19. Jahrhunderts und vom politischen Massenmord des 20. Jahrhunderts steht der postmoderne Mensch am Scheideweg, auf der Suche nach sich selbst. Entweder er kehrt zur Religion zurück oder er verneint sie vollständig, allerdings auf Kosten der Kunst und Philosophie.

Im Grunde weiß er aber, dass ihn keiner dieser Wege an einen Ort führt, an dem er sein will: Er will frei sein. Und weil er nur noch vor die Wahl zwischen Club oder Kloster gestellt wird, kann er nicht anders, als sich seinen eigenen Weg zu bahnen, durch die Friss-oder-stirb-Dualismen seiner selbstverschuldeten Sinnlosigkeit.

der freigeist

Hannes Schumacher

I – VI

freigeist

Inhalt

Sechstes Buch

(Aph. 250 – 324)

*wolkenloser Himmel – Ästhetik des Leids
das Kind als Künstler – Kunst als Religionsersatz?
entgeistlicht – Revolution des Pragmatismus
vom Glauben an Worte – epistemische »Rechtfertigung«
Tücke der Vorurteile – nord-südliche Leidenschaften
der plattgoldene Weg der Mitte – Philosophie der Tat
Überwindung der Postmoderne? – der Ideologie den Rücken kehren
unsere A-theisten – west-östliche Freundlichkeit
über die Dichter – das schaffende Prinzip
die neue Lebensphilosophie – über den Freitod
die feinere Lust – der dionysische Lebensstil*

126

Vorrede

Man wird geboren, man lebt, man stirbt. Nichts weiter. Welche Einsicht wäre bedrückender? welche Erkenntnis furchtbarer als diese, dass unserem Dasein kein höheres Ziel, kein tieferer Sinn zugrunde liegt? Und doch – und doch hat sich die Menschheit in jüngster Zeit regelrecht dazu *entschieden*, sie als eine *Wahrheit* zu akzeptieren. Man nimmt es hin, dass man lebt, dass man stirbt; man nimmt es hin, dass man geboren wird, und dass es *alles* ist, alles war. Wer möchte so sterben? den Tod im Angesicht, auf ein sinnloses Leben zurückblickend? Wer möchte so leben? das Leben noch feurig und frisch, doch den Tod schon im Dunkel erspähend? Wer will so noch geboren worden sein? hinein in eine sinnlose Welt, hinaus in die ewige Kälte der schwärzesten Nacht?

Keinen Menschen gibt es, der diese Frage nie gedacht, keinen gibt es, der diese tiefste Schwärze nie gefühlt, nie von Herzen gefühlt, von der ich sprach. Noch der größte Mensch wird seine stillste Stunde finden, in der er Zweifel um Zweifel spinnt. Noch der kleinste Mensch wird sich seines höchsten Trostes sehnen, der ihm alle Erden-Mühsal mit nur einer Himmels-Hoffnung entschuldige. Und doch – und doch hat man sich *gegen* diese eine Antwort auf alle Fragen entschieden.

Nun mag mir mit Recht einer einwenden, dass wir doch nach wie vor gläubige Menschen seien. Doch was hat dieser Rückfall des Geistes in die Geistlichkeit denn mehr zu bedeuten als die bloße Furcht, dieser Wahrheit, die man sich fand, ins Auge zu blicken? Was ist andererseits diese gefühlslose Hinnahme des Allerfurchtbarsten mehr als ein weg-Sehen? als ein müdes Treiben auf der Oberfläche?

Wer aber die Tiefe liebt und alles Seichte verschmäht, der wird in den folgenden Aphorismen seinen Ozean finden. Dabei wird es mir weit weniger darum gehen, den Leser mit Argumenten zu überzeugen – Argumente sind im Wesentlichen unwesentlich; sondern viel mehr darum, ihn *einzutauchen*, in diese finstere, uns noch fremde Welt, die wir uns schufen. >Der Freigeist< wird dabei auch niemals endgültige Ergebnisse darstellen – denn sie sind ihm sein größter Widerspruch; sondern allein die geistige *Entwicklung* eines Menschen hin zur höchstmöglichen Freiheit.

Heidelberg, im Frühjahr 2013

Erstes Buch

1

Einmal alles verwerfen, verschleudern, verzetteln, verfluchen, wie eine Flamme verzehren, was ich jemals geglaubt habe! Und vom tiefsten Punkte der Verzweiflung aus ein Neubeginn, ein frischer Morgen der Unschuld, ein Aufsteigen, Hinaufsteigen, in höchste Frühlingslüfte, hoch hinaus, in Sommer-Frieden und Sommer-Kriege, tief ins Herz der mich fressenden Sonne! Ich blicke nach unten, tief, so tief hinab, und kann es nicht glauben: Von dort kam ich her und *hier* bin ich *jetzt*.

2

Nur was bleibt bestehen, wenn ich mich mit allen Mitteln gegen die Welt aufbäume? wenn ich mich dem Löwen gleich über allen Wert der Welt erhebe und nur noch hinabblicken, niemals mehr zum Höheren mich wenden darf? Was bleibt mir noch, wenn aller Wert der Welt verloschen? wenn aller Lebenssinn in einem letzten Schrei des Schreckens verhallt sein wird?

3

Und dennoch: Aus einer unangenehmen Konsequenz eines Gedankens auf seine Falschheit zu schließen, wäre wie von *Über*morgen auf das Hier und Jetzt zu schließen: und es zu *leugnen*.

4

Dass der Mensch schon von Natur aus ein gutes Gespür für die Wahrheit habe – dergleichen Aussagen erscheinen mir fast lächerlich: Was das *Erfinden* von Wahrheiten betrifft, beweist er Geschick und Ideenreichtum.

5

Wir bilden Hierarchien in unseren Köpfen, nach denen entschieden wird, welche Wahrheiten wir als die letzten, allerletzten oder gar niemals bezweifeln würden. Aber legen diese ›höchsten‹, ›allerhöchsten‹ Wahrheiten nicht umgekehrt den *Grund* aller kleineren? Müssten wir sie darum nicht als die *ersten* anzweifeln? eben *weil* sie unergründlich, eben *weil* sie selbst grundlos sind?

6

Es sind immer die ›Selbstverständlichkeiten‹, die uns am Vorankommen hindern. Und *ihr* sprecht nur bei Rassisten von Vorurteilen.

7

Im Grunde kann man nicht wissen, welcher ein geeigneter Ausgangspunkt für eine Philosophie wäre. Am Anfang gibt es nur die Leere, das erst- und letztgültige *Om*. Die erste Bewegung, der erste Laut, der dies tiefste Schweigen zerbricht: der ist schon Willkür, der ist schon ein Schaffender! Wer könnte da noch von ›reiner Erkenntnis‹ sprechen?

8

Die meisten Philosophen haben sich damit zufriedengegeben, diesen ersten, schwersten Schritt zu übergehen, ihn schlichtweg *vorauszusetzen*. Ihnen genügt es offenbar, ihre Meinungen nur als Wahrheiten zu *verkaufen* und dem brüchigen Grund, auf dem sie stehen, keinerlei Aufmerksamkeit zu schenken. So rennen sie, springen sie ihre Himmelstreppe empor, bis diese mit einem Mal – zerbricht, bis sie einstürzt, und der Philosoph an seinem Grund zerschellt.

9

Besinnen wir uns, öffnen wir die Augen! Die Wahrheit wird sich schwerlich in ein finsteres Kämmerlein verirren. Lasst uns nach draußen gehen, wo die Welt auf uns wartet! Doch was *sehen* wir? was *hören* wir? Voll prächtigster Farben, voll schönster Töne ist sie, doch sie spricht nicht, die Welt spricht nicht; schweigsam ist sie und schweigsam wird sie bleiben.

10

Natürlich meinen wir, in ihr gewisse Gesetzmäßigkeiten zu finden. Aber *sehen* wir diese Gesetze? Oder müssten wir sie nicht auch, gleich aller Metaphysik, als bloße Erfindungen des Menschen auffassen? Haben wir *gesehen*, dass alle Dinge fallen? Einige habe ich wohl fallen sehen, das will ich nicht bestreiten, aber gleich *alle*? Die Physik stellt sich über sich selbst, sie hat das Schweigen längst gebrochen.

11

Wahrhaft *erklären* können die Naturwissenschaften immer nur das, was sie bereits geschaffen haben. Drum lasst uns ihnen einen neuen Namen geben: Die Naturwissen*schafften,* denn sie sind die, die das Naturwissen

schafften. – »Wie? und die Natur schafften sie auch?«
– Wie wollten sie wohl wahres Wissen von einem Werk
haben, das nicht aus eigener Feder floss, und es zuletzt
erklären? Nur *interpretieren* können wir eines Fremden
Werk. *Erklären* können wir nur das unsere.

12

Wir kommen nicht umher, die Welt in Theorien zu fassen. Diese gelten uns immer nur solange als wahr, bis
die Zeit sie wieder mit in ihren Strom reißt. Bestenfalls
nähern wir uns der Wahrheit bloß an; schlechtestenfalls
haben wir von vornherein die falsche Richtung einge-
schlagen.

13

In einer Religion meine Zuflucht suchen? Der Sinn unseres Daseins fordert eine Tiefe, die über die Wissen-
schaftlichkeit unserer Zeit längst erhaben ist. Aber wie
könnte ich *gläubig* sein? Wie könnte ich mich hingeben
an ein ungewisses? an ein weit entferntes, finsteres?

14

Religion ist Sinn-gebend. Man kann sogar so weit gehen zu behaupten, Religion sei die einzige Instanz, die überhaupt in der Lage wäre, dem Menschen einen Sinn des Lebens zu vermitteln. Das rein Rationale ist uns immer nur ein Können, höchstens ein Wissen, niemals ein Sollen, niemals ein Sinn, niemals ein Lebensweg. »Mein Wille sei der Welt Gesetz!«, hört man die Großen rufen; doch dieser Wille ist nur ein *irdischer*, der mir mein Glück verspricht. Das Sittengesetz: Das ist nur der Wille *anderer*, die sich mir aufdrängen. Und mir selbst ein solches auferlegen? Wie könnte ich mich denn selbst in Ketten legen, ohne dabei laut auflachen zu müssen, jetzt mal im Ernst? Nur der Glaube – oder wie man mich bei Zeiten reden hört –, die schamloseste Dogmatik ist es, die uns zum Sollen führt, zum *>ewigen Sinn unseres Daseins!<*

15

Mitleid ist das sich-Ergötzen am Leid anderer.

16

Zufall und Schicksal stellen dasselbe Phänomen aus anderem Blickwinkel dar: Sie sind Eins.

17

Das Leben ist ein Spiel. Die große Idee der Religionsstifter war es, dieses Spiel ganz einfach nicht mehr mitzuspielen. Ihr Ernst besteht aber, wie sich herausstellte, nur darin, möglichst ernst zu sein. Dabei handelt es sich also doch nur um ein Spiel, bei dem der Ernsteste gewinnt.

18

Manche Religionen sind einfach *attraktiver* als andere: schöne Gebäude, schöne Geschichten, schöne Lieder, schöne Gebete, schöne Gewänder, schöne Frauen, schönes Jenseits …

19

Einst gab es Völker guter Dinge, mit Werten fest verwoben. Man lebte zusammen mit Recht und Ordnung, die Guten wurden gelobt, die Schlechten bestraft: Gerechtigkeit ließ man walten und lehrte den Glauben und die Sitte und die Tugend in der einzig wahren Form. So gab es sich, dass *ein* Volk guter Dinge auf ein *andres* guter Dinge traf. Zwar waren sie beide gut und recht und tugendhaft, doch siehe da, und was geschah? Etwa ein Kampf? gar ein Krieg? Wie es wohl dazu kam, wo doch beide Völker sich so ähnlich sahen? wo doch beide Völker wussten, was falsch, was recht? Geh und frag sie selbst: »Wir, die Guten, wir sahen nach drüben, erschraken unseres Blickes gar; solch Gräuel mussten wir sehen im anderen Volke, solch Bosheit, solch Untat, solch Ketzerei! Wir *konnten* nicht anders, wir *mussten* bestrafen, wo wir als Gute den Schlechten schon bei *uns* verbannen. Doch nun zu sehen: ein ganzes Volk voller Unholde, Raubtiere, Gottloser, die den Guten noch ins finsterste Verlies einsperren? Das *können* nur unsere Feinde sein!«

20

Wer frei sein will, muss mehr und mehr Abstand zu seiner eigenen Kultur, zu seiner Heimat, ja, selbst zu seiner Familie gewinnen. Wie könnte ich denn wissen, ob man mir nicht Lügen erzählt hat, als ich ein Kind war? Wie könnte ich wissen, ob sich nicht mein Denken bis zum heutigen Tage hin auf diesen Lügen hochstapelt? Zumindest was die Begriffe von ›gut‹ und ›böse‹, ›richtig‹ und ›falsch‹ betrifft, kann ich versichern: dass ich meine Auffassung nur von zuhause haben *kann* – weil es hier draußen *gar keine echte gibt.*

Dass alle großen Religionen Nächstenliebe hervorgebracht haben, ist kein gutes Argument für die Nächstenliebe. Vermutlich haben deren Völker nur durch sie bis heute überleben können. Überhaupt ist es immer nur der *Nutzen*, der unsere Tugenden vor anderen ausgezeichnet hat, der unsere Wahrheiten vor anderen auszeichnet.

22

Unsere Tradition ist im Wesentlichen das neumodische Ritual; das Ritual geht aus den tierischen Instinkten hervor und diese aus dem Urprinzip von Aktion-Reaktion. Schon immer hat es uns sehr gefallen, immer und immer wieder dasselbe zu tun, dasselbe zu wollen, dasselbe nachzuplappern. Doch wie entkamen wir über die Jahrmillionen hinweg nun diesem Zieh-auf-Männchen-tum? Durch *denken*; oder lest besser auf Griechisch: σκέψις (*skepsis*)

23

Mit unserer Vergangenheit beschäftigen wir uns nur, um *für heute* daraus zu lernen – und zum Spaß. Das waren wohl *alle* Gründe für *alle* Handlungen.

24

Warum denn nach Prinzipien leben? Kann ich denn nicht einfach – nach meinem *Willen* leben?

25

Das Problem jeder normativen Moralphilosophie besteht darin, dass sie zuerst Voraussetzungen machen muss, um uns dann unsere Handlungen zu verbieten oder aufzuzwingen. Die Welt schweigt aber; und die Voraussetzungen sind nur menschliche Interpretationen dieses Schweigens. Es gibt also nur selbst auferlegte Moralgesetze. Dazu erstens: Aus welchen *anderen* Gründen sollte ich mir solch ein Gesetz denn auferlegen, wenn doch die Welt schweigt? Es müsste auch hierzu wieder eine moralische Verpflichtung geben, die aber selbst wieder einer solchen bedarf, *ad infinitum.* Und zweitens: Warum um alles in der Welt sollte ich mich dann ernsthaft daran halten? Ich kann doch auch wollen und denken, lieben und fühlen, wie der Wind mich treibt; ich kann doch auch – *an meinem Leben zugrunde gehen!*

26

Aber mein Gefühl sagt mir, dass der Sinn unseres Daseins nur in einem objektiven Sollen liegen *kann.* Es müsste einen Herrn geben, oder irgendeine absolute Instanz, die uns dies Sollen auferlegt, die uns diesen Sinn *vermittelt*. Es kann ihn geben, diesen Herrn und diesen Sinn: *möglich* ist es. Aber was dann, wenn uns dieser Sinn verborgen bleibt, wenn er uns nicht zugänglich wird – *was dann?*

27

Wie können wir so sehr auf unsere eigenen Vorstellungen fixiert sein, wenn sich die Menschheit doch immer mehr eingestehen muss, dass sie in Sachen ›Wahrheit‹ nach wie vor im Dunkeln tappt? Gehen wir einen Schritt zurück, nehmen wir Abstand von diesem ewigen Streit der Meinungen. Wird uns nicht *jeder* Streit als lächerlich erscheinen, wenn wir ihn erst von *außen* betrachten? wenn wir uns nicht *einmischen* in diesen ewigen Strudel?

28

Wahrheit – im Sinne der Philosophen – kann es nur innerhalb eines bestimmten Systems geben. Damit wird sie nie mehr sein als eine Menschenwahrheit. Die Wahrheit des Lebens *will* gerade eine Menschenwahrheit sein. Und *sie* gibt es überall.

Leben als Selbstzweck? Nun, wenn ich glücklich bin, ist es ein Selbstzweck. Aber wenn ich traurig bin, wenn ich am Abgrund stehe, ist es gerade das *Fehlen* eines Zweckes. Gewappnet für das *Leben* bin ich nur, wenn ich auch zur Sommerszeit noch jeden Zweck *leugne*. Hart, hart und leicht muss man sein, dann kann man das Feuer in sich tragen und doch noch das Fliegen lernen.

30

Allzu gerne wüsste ich, dass ich nichts weiß. Dann wüsste ich wenigstens *etwas*.

31

Ich bin im Kreis!

32

Die Gesetze der Logik sind viel mehr die Gesetze meines Denkens als die Gesetze der Welt. Anhand der logischen Wahrheiten zeigt mir mein Geist nur seine Grenzen, den Rahmen alles Denkbaren. Aber kann die Welt damit nicht den Gesetzen *widersprechen*? Kann sie nicht *absurd* sein und selbst *darüber* noch gleichgültig?

33

Zugeständnis an den Solipsismus: Es ist nach wie vor möglich, dass ich träume; dass du träumst ...

34

Hätte die Welt wohl ein Aussehen, wenn ich blind wäre? Und angenommen, ich hätte gar keine Sinne: Gäbe es Stoff für meine Gedanken? Hätte ich *überhaupt* Gedanken? Schließlich, wenn ich nichts dächte: Gäbe es dann überhaupt – die Welt *als Welt?*

35

Keine Angst: Das Meer bleibt blau; selbst wenn wir seine atomare und molekulare Zusammensetzung bestimmen, auf die Reflexion und Absorbtion des Lichtes hinweisen, sprachwissenschaftliche Beweise dafür aufführen, dass die Kategorie >blau< keine klaren Grenzen habe, selbst wenn wir jede Farbe als sekundäre Qualität abtun und zuletzt noch alle Räumlichkeit leugnen: Das Meer bleibt blau; und tief.

36

Ich meine keinen Schritt zu weit zu gehen, wenn ich behaupte, dass die sogenannte >Welt< sich aus nichts

als den verschiedenen Interpretationen unserer Sinnesreize zusammensetzt. Darum habe ich mich *auch* für die
Philosophie entschieden: Hier kann ich *Welten schaffen!*

37

Aber wo steckt der Sinn in all dem? Wie könnte ich
einen Sinn finden in einer Welt, die ich selbst geschaffen habe? Er muss von einem Höheren, einem Göttlichen stammen, welches sich über mich erhebt. Doch
wo ist dieses Göttliche? Wo kann ich es finden, wenn
es sich mir verweigert? Wollen wir umhertreiben, Sinn-
suchend, Sinn-schwelgend, wenn uns Gott verlassen
hat in dieser selbstgeschaffenen Welt? Gottlos ist sie und
gottlos sind wir, verdammt in diesem gottlosen Leben!
Oder wollen wir dies Leben *selbst* zum Göttlichen erheben? und es loben *indem* wir es leben?

38

Im Grunde ist alles Kunst. Warum? Weil alles sinnlos
ist. Ethik, Ästhetik, Moral – wo liegt jetzt noch der
Unterschied? Wir können wieder alles als Kunst bezeichnen: Baukunst, Heilkunst, Kognitionswissen-
schaftskunst, wenn ihr wollt. – »Aber, aber: diese
Wissensgebiete sorgen doch für ein besseres Leben der
Menschen!« – Also sprach der Humanist. Aber macht

das, was *ihr* Kunst nennt, das etwa nicht? Im Grunde ist
alles Kunst: weil wir alle Schaffende sind.

39

Mein ganzes Leben wird wohl daraus bestehen, das einzige große Kunstwerk zu bestaunen. Aber wer ist der Künstler? Habt ihr schon verstanden?

40

Das perfekteste Kunstwerk wäre kein Kunstwerk, es wäre nichts, es wäre die Leere, der Tod. Denn *Perfektion* drückt nur aus, dass man keine Fehler macht. *Genialität* dagegen ist das schaffende Moment: die Willkür, die macht, dass da überhaupt etwas ist, die macht, dass wir noch leben wollen.

41

Ob die Saiten der Welt gestimmt werden können? Ich denke wir können sie stimmen, indem wir ihre Stimmung als konsonant betrachten. Man muss den Tritonus nur lange genug hören und *genau* hinhören, um zu merken, dass er schöner ist als Dur.

42

Teuflisch ist die Schönheit, teuflisch die nackte Wahrheit; teuflisch sind sie beide: aber *nackt* und *schön!*

43

Ich liebe die Kunst, die das Gute wie das Böse leugnet,
die gleichsam jenseits von allem Menschlichen, jenseits
von aller Menschlichkeit sich noch über das Leben erheben will, die dich mit einem Mal anspringt, dich kreu-
zigt, dich auf glühenden Kohlen tanzen lässt, die dich
noch auslacht, dich vor dir bloßstellt, dich vor dir nackt
und einsam der Welt gegenüberstellt: *Ich liebe die Kunst
des Absurden!*

44

Wir müssen uns darauf vorbereiten, mehr und mehr
einem gewissen Wahnsinn ausgesetzt zu sein, eine be-
wusste, vielleicht gewollte Form der Verrücktheit immer
mehr in unserem Körper aufblühen zu sehen. – Jetzt bin
ich mir sicher: *Ich will diesen Wahnsinn!*

45

Hast du schon einmal in den Spiegel gesehen und dich als Teufel, als Dämon erkannt? Deine Augen – aufgerissen! – schreien dich lüstern an, dein Gesicht eine Fratze voll Feuer und Blut, dein bebender Körper kampfbereit: *»Mein Feind bist du!«*, brüllt er tief und ohne Worte. Du schnaubst und fauchst und loderst, aber wo soll das hinführen? Wie stark du auch bist – wie könntest du dich selbst bezwingen? Nur verlieren kannst du, Spiegelteufel, nur dich selbst im See verlöschen!

46

Das Göttliche: Du kannst nur davon träumen, es aber niemals erreichen. Kommst du immer näher darauf zu, bekommst es schon fast zu greifen, dann fühlst du dich wie Gott, du *wirst* zu Gott! So sitzt du oben auf dem Throne der Welt – *bis du fällst.* Kein Fremder stößt dich in den Abgrund: Du stößt dich selbst, du wirst dir selbst zum Feind! Mit einem Mal entweicht dir das Göttliche, es gleitet dir aus den Fingern wie klarstes Wasser, zumal du nur *glaubtest,* es wirklich in Händen zu halten. Du fällst und fällst – du wirst zum Kriechtier, zum Insekt, zum Fabelwesen! Doch schon bald fängst du dich selbst, wie du dich einst selbst gestoßen hast. Du vergisst die Talfahrt, und der Berg, das In-die-Lüfte-Fliegen beginnt aufs Neue: Das Göttliche zieht dich wie magisch an, und mehr noch: Du ziehst es auch an, weil ihr euch liebt; ihr zieht und zieht wie zwei Magneten. Am Gipfel angekommen willst du es fassen und es geschieht erneut: In ewigem Wandel, in ewigem Zirkel spinnt sich die Fahrt vom Berg ins Tal hinab, vom Tal aus hoch hinaus. Alles ist möglich – und doch … ist gar nichts möglich! So spürst du in jeder Faser deines brechenden Körpers, was man dir einst flüsterte: dass man mit einem so gespannten Bogen auf die fernsten Ziele schießen kann – und dein Bogen, mein Freund, ist zum Bersten gespannt! Nur ein Fingertippen, nur ein Lidschlag genügt, schon flöge der Pfeil in hohem Bogen. Nur wohin flöge er? Wäre es dir denn noch möglich – *zu zielen?*

47

In all dieser Tiefe, bei all dem Auf und Ab wird dir nur eines klar: *dass innen nichts ist.* Alles, was dir das Göttliche zu sagen pflegt, ist dieses, dass du nicht seinesgleichen bist, dass du ein Mensch bist, ein begrenztes Wesen, ein Etwas im Kreis: *Da tief innen ist nichts, da tief innen entdeckst du nur die Sinnlosigkeit des Alles!* Nur ein einziger Gedanke, nur ein einziger Funke bringt die ganze Welt ins Lodern, er allein genügt, um *alles* in Aufruhr, *alles* in Vergeltung zu zwingen! Du stehst nun vor einer

Wahl, die über dein Leben entscheiden wird, du stehst da und willst abwägen, doch da ist nichts abzuwägen, nur zwei Pfade des Schreckens stehen dir offen: Der erste Pfad ist Gott und Teufel, Unsterblichkeit und Tod, Himmel wie Hölle! Der zweite ist als *Mensch* zu leben in einer sinnlosen Welt. Versprichst du dir damit aber Ruhe im Leben und Zufriedenheit und Maß? Dann musst du auch zur *Pflanze* werden, musst du den Kreis aushungern, die Leidenschaft verdorren lassen. Wähle, Freund, zwischen diesen Pfaden: ob du lieber Pflanze sein willst oder Feuerbrunst …

48

»The whales do not sing because they have an answer: They sing because they have a song.« Das Meer ist tief, doch welcher klägliche Sucher hätte sich auf dessen Grund Schätze erhofft? Ich war es …

49

Wenn du nicht mehr leben willst, dann töte dich auf der Stelle: Alles andere wäre töricht. Wenn du aber leben *willst,* wenn du dich in deiner stillsten Stunde noch *für* dies Chaos entscheidest, dann lebe nicht trotzdem: Lebe *erst recht!* Sag *Ja* zum Leben, wie du nur kannst! Lass allen Zweifel fahren, denn du brauchst ihn jetzt nicht

mehr. Lass alle Hoffnung fahren, denn auch *sie* brauchst
du jetzt nicht mehr. Lass sie alle fahren, diese Feinde des
Lebens und Schwerkräfte: Denn sie sind nur Rückkehr
und Tod, Heimweh und Gezeter, für das man sich schämen müsste. Du *wolltest* doch leben, sonst wärest du tot,
du *wolltest* doch weiter und immer weiter in höchste Lüfte streben: *Fernweh* soll deine neue Sehnsucht heißen,
todesmüde, lebenssüchtig dein Charakter; *Ja* und nur noch
Ja zum Leben! Und in deinen wilden Augen will ich lesen: »*Ich wollte das alles so.*«

50

Derjenige, der glaubt, hat seinen Sinn gefunden. Derjenige aber, der wissen will, für ihn gibt es keinen Sinn: Er
muss lernen, am Vulkan zu leben.

51

Zu philosophieren heißt, der Wahrheit ohne Schleier,
direkt ins Gesicht zu blicken. Wir müssen ungeheuer
mutig sein … oder?

Bis ans Ende der Welt segelte ich, mit scharfem Blick und edler Zunge, doch die Winde waren meiner nicht gütig: So ließen sie mich in der Wüste stranden. An den tiefsten Punkt der Welt wagte ich mich, abwärts und immer mehr abwärts gab ich ihr all meine Unschuld hin, auf dass sie mir ihre Schönheit zeige, mir ihr Innerstes offenbare. Ich sah in die Tiefe, auf alles gefasst, und ich erschrak doch! *Dort ist nichts!*«, stand mir ins Gesicht geschrieben: *»Was du suchst, das gibt es nicht!«*

53

Siehe da, dort steht es: *das Fass ohne Boden.* Von *außen* betrachtet hat es Wand, hat es auch Boden; doch blickst du hinein, Neugieriger, so siehst du ihn: *den Sinn des Lebens.* Schämst du dich nun, du gieriger Teufel, fühlst du dich nackt, der Wahrheit so tief ins Auge zu spähen? So ist es recht, dir gebührt es nicht anders, du hast was du wolltest, nun geh!

In welch gefährliches Schicksal ergeben wir uns nun, in welch entlegene Welten wird der Wind uns tragen? Wie lässt das Leben selbst sich denn noch *ertragen*, wo wir Geschlagene sind, wo wir regungslos und ohne Halt umhertreiben? Wird es jemals ein Ufer geben? Wird es jemals noch ein anderes Ende geben als den Tod? Wie viele Meere werden wir austrinken müssen, um das Feuer in unserer Seele zu ertränken? Wie viele Stunden werden wir sterben müssen, unter himmlischer Qual, unter der Maske des Grotesken? – bis wir rein genug für diese Wahrheit sind, ihr erhobenen Hauptes entgegentreten und es aussprechen: »*Hier bin ich.*«

Zweites Buch

55

Pflücke den Tag, pflücke das Hier und das Jetzt, die Liebesfrucht, die dir schon bald verwehrt sein wird. Pflücke sie *jetzt*, Freund; vergiss das Gestern und Vorgestern und Über-Aber-Gestern, verlerne den Wahn vom Morgen und Übermorgen-Nimmerleinstag! Was liegt an ihnen, wenn du das *Jetzt* vergisst? Wird nicht dein Leben stille stehen oder vorüberziehen wie ein Windhauch? Wirst du nicht sterben *wollen* und es nicht *können*, oder als Kind mit grauen Haaren enden? Wolltest du aber nicht alt werden und dein Ende doch selbst noch wählen? All dies ist möglich: Nimm diese Frucht als ein Andenken; und führe sie stets bei dir, auf dass du niemals vergisst, was allein auf Erden wichtig ist.

56

Wenn mein Leben ein Kunstwerk ist: Wer sollte dies Kunstwerk in seinen Raffinessen, in all seinen Feinheiten und Zierden denn begreifen, wenn nicht *ich*? Lass ab von all den Zuschauern, kümmere dich nicht um sie. Sonst wirst du zum Schauspieler, der sich das Leben selbst

vorgaukelt. Lass ab von ihnen, hörst du? Sei du selbst;
werde du selbst!

57

Vielleicht kann sich der Freigeist damit anfreunden, allein zu sein: Schließlich ist man beim Sterben auch allein.

58

Die Natur ist so … passiv, so reglos, so still. Eine Palme
steht vor mir, kaum zehn Schritte entfernt, der Wind
schweift mit Kraft durch ihre flatternden Blätter. Wie
lange mag sie hier schon stehen, gepeitscht, doch unberührt, unbekümmert, ruhig. Und selbst wenn man sie
ausriss, sie entwurzelte: Wie könnte man ihr schaden?
Was kümmert es sie, was wir denken, was wir tun, selbst
wenn sich *gegen* sie richtet, was wir tun? Wie lange mag
es schon diese Wüste um mich geben? Wie lange fegt der
Wind schon durch ihre Schönheit und Leere? Wie schön
sie doch ist, wie reich und überreich sie mir entgegen-
zwinkert. Wie leer sie doch ist, wie sie einfach da ist und
keine Gründe kennt; wie sie da ist und schweigt. Und
selbst wenn sie Blitz und Donner wäre, im Getose ihrer
Regenschauer, wenn sie hell und laut und nass wäre: Wie
ruhig würde sie doch bleiben, in ihrer Erhabenheit! Die
Natur ist schweigsam; die Welt ist rätselhaft …

In anderen Ländern gibt es andere Leben. Für mich kann es niemals mehr geben als meinen unmittelbarer Erlebnisstrom: meine Gefühle und meine Gedanken, die im Hier und Jetzt aufleuchten und wieder verglühen. Eine so maßgebliche Veränderung des Hier, wie jene, in ein fernes und dir überaus fremdes Land zu reisen, und dort erst zu *leben*, verdreht den Erlebnisstrom ins Unermessliche. Du, der du dich *selbst* in dieses vollkommen neue und unbekannte Leben geworfen hast, wirst dich bald als ein neuer Mensch begreifen. Nur deine Erinnerung wird dir Aufschluss über ein Vorher geben, doch bald wird auch sie verschwimmen, mehr und mehr zum Traum dir werden. Ja, uns Reisenden stehen Leben offen, von denen ihr Sesshaften nur träumen könnt: Ihr träumt nach vorn und lebt nach hinten, wir träumen zurück und leben nach vorn.

Wie nichtig mir eure kleine Welt erscheint! Wie nichtig ihre Sinnhaftigkeit, wie nichtig sich an ihr zu klammern, wo es doch nicht bloß diese eine, wo es doch *so viele* Welten gibt! Der Freigeist kann zwischen den verschiedensten Weltanschauungen springen: Er ist ein Tänzer.

Der Affentanz, das Eselsfest – irgendetwas muss die Berge ins Wanken bringen, die Ufer überquellen lassen! Ein Kunstwerk – ach? *Ein Lebenswerk!* Ein Leben, ein Werk, ein Donnergrollen bis in den finstersten Winkel der Welt, das die Welt umkehrt, sie ins Schleudern bringt, sie bis in den Abgrund erschüttert! Kein Wahnsinn mehr soll uns im Wege stehen, keine Schwäche soll sich mehr zeigen: *Härter* wollen wir werden, *härter und edler!* Zu schnell noch verweht der Gedankensturm, zu schnell noch läuft das Feuer, zu schnell wird was einst vor Funken sprühte zu zischenden Fünkchen, zu Rauchwölkchen. Mein Heute widerlegt mein Gestern, mein Abend widerlegt den Morgen. Wo gibt es Halt, wo es *keinen* Halt gibt? Ach, wenn ich nur *wüsste,* dass es keinen Halt gibt! Wenn ich nur Frieden fände, wenn ich nur imstande wäre, endlich Frieden mit dem Krieg zu schließen!

Frag mich nicht: Ich weiß doch auch nicht, wo uns das alles hinführt. Wir *experimentieren* jetzt einmal und sehen, was dabei herauskommt.

63

Mögen sie sich aus ihren Löchern wagen, die Unerkann-
ten, Lebenskünstler, *Freigeister:* Aus aller Welt mögen sie
zusammenströmen!

64

Wir brauchen keine Humanisten, wir brauchen keine
Gläubigen, keine Ungläubigen – denn auch sie sind
Gläubige; wir brauchen keine Dogmatik, keine logischen
Schnitzer, keine Moralisten, Philosophisten-Bergpredi-
ger, kein Gerede über Werte im Trüben, über Rechte,
die die einen kennen, die anderen nicht; wir brauchen
keine Pessimisten und Mitleidigen, keine Asketen und
Schlafmohn-Gelehrte; wir brauchen keine Propheten,
nicht diesen Sprung des Verführten, wir brauchen keinen Gott! Was wir brauchen, sind Nägel mit Köpfen!

65

»Ein *Ja* und ein *Nein* kann ich euch geben: ein *Nein*
zum Sinn und ein *Ja* zum Leben.« – Jetzt wird mir
auch klar, was ich immer an den Religionen auszusetzen habe: dass sie den Sinn postulieren und das Leben
verleugnen!

Was uns vor unseren Vorfahren auszeichnet? Unsere Kette der Erkenntnisse ist länger geworden, brav hat man Glied für Glied angehängt, sodass wir sie jetzt ringeln müssen. Breiter ist sie geworden, in viele Stränge teilt sie sich auf: So darf man jetzt auswählen. Aber woran ist sie denn festgemacht? woran hängt unsere Kette? – Nein! Sagt mir nicht *immer noch!* In der *Luft* habt ihr sie hängen lassen? Seit zweitausend Jahren schwebt sie verloren im Nichts, unbeachtet und vergessen; während *ihr* an Strängen und Seitensträngen bastelt, ihr Eifrigen! Zweitausend Jahre und nicht *einmal* nach oben gesehen … habt ihr etwa Agrippa vergessen? Wohl besser so, denn sonst wäre die Kette längst abgestürzt. Man stelle sich nur ein solches Szenario vor: Die gesamte Menschheit *weiß* von Agrippa und die gesamte Menschheit *versteht* Agrippa. Hume wäre in der Tat recht zu geben, ja, ich denke die Menschheit würde binnen Tagen verfaulen. – Aber, aber: das gilt nur für die Masse. Für *meinen* Teil durchströmt mich ein wunderbarer Schauder, wenn ich unsere Kette der Erkenntnis frei in der Luft schweben sehe. Wenn ihr mich fragt, kann sie gerne dort bleiben, wenn es ihr beliebt, und sie *wird* auch immer dort bleiben. Nur *unbeachtet* und *vergessen* soll ihr höchstes Glied nie wieder sein, hört ihr? Euren Kopf sollt ihr verrenken, euren Nacken verbiegen, dass ihr nur nach oben seht, dass ihr dies höchste Glied *schweben* seht! – und wie es selbstsicher stehen bleibt, wie auf einer Empore: *Das* wollen wir *Schönheit* heißen.

67

Dass wir immer etwas grundlos voraussetzen müssen, um auch nur *irgendein* Wissen zu erlangen: Das zeigt sich schon im Gespräch mit einem Kind, das gelernt hat zu fragen: »Warum?« – Agrippa war auch ein Kind, das nach unserem Wissen fragt: und woher wir es haben.

68

Skepsis und Dogmatik waren schon immer zwei Gegenpole, die sich gegenseitig bereichert haben. In der Dogmatik liegt das *aktive* Prinzip, das spielende Kind im Sandkasten. Die Skepsis ist das Sieb: Sie sieht zu, dass die allzu groben Brocken nicht auf den Grund treffen.

69

Damit wären wir allesamt Kinder. Wie gesagt: Das Leben ist ein Spiel.

70

Auch Aristoteles hat erkannt, dass wir zumindest die Logik voraussetzen müssten, um philosophieren zu können. Der logische Raum ist der Spielplatz, auf dem wir uns austoben können. Viel Sand gibt es und viele Siebe; viele Fragen gibt es und viele Antworten: immerzu »warum?« und »darum!« Das Leben des Philosophen ist ein einziger Sonntagnachmittag.

71

»Ich bin.« Aber ja doch: *Das* leuchtet auch *mir* ein; weil ich es wohl voraussetzen muss …

72

Als ›möglich‹ bezeichnen wir in der Regel das, wovon wir nichts wissen. ›Zufällig‹ ist das, was wir uns nicht erklären können, und ›notwendig‹ nur das, was wir ohnehin vorausgesetzt haben.

73

Warum wir den Naturalismus leugnen können? Weil Erkenntnis nicht mit der Wissenschaft anfängt sondern mit deren Voraussetzungen.

74

Am konkretesten erscheint uns doch nach wie vor das, was uns unmittelbar durch die Sinne gegeben ist. Wir müssen nur achtsam vor Interpretationen sein. Aber – ab wann interpretiere ich? Was *sieht* mein Auge? sieht es die Dinge? sieht es die Phänomene? sieht es die *Grenzen?* *gibt* es die Grenzen?

75

Machen wir uns nichts vor: Logik, Zahlen, Dinge, Raum und Zeit, Bewegung und Geschwindigkeit, Steine, Pflanzen, Tier und Mensch, das Du und das Ich, die Natur- und Sittengesetze: Das sind alles bloße Modelle. Radikal gesprochen: Konstrukte. Nihilistisch gesprochen: Irrtümer. Und was bleibt? – *Gefühl.* Nichts als *mein Gefühl im Hier und Jetzt.*

76

Es soll kein Wissen geben? Das habe ich nie behauptet. Wir stimmen einfach ab, dann haben wir unser Wissen …

77

Aber können wir nicht ein wenig sorgfältiger damit umgehen, welchen *Anspruch auf Wahrheit* wir mit unseren

Behauptungen haben? Wenigstens hierin ist ein gewisses
Maß an Bescheidenheit geboten. – Geboten in Bezug auf
was? – Um nicht plump zu sein!

78

Wo das Subjekt aufhört, hört auch das Objekt auf. Damit wäre kein rein Objektives denkbar. Nehmen wir
Abschied vom *Fluch des Absoluten!*

79

Doch was bleibt, wenn aller Sinn und Wert verloschen
ist? Ein *Vulkan* bleibt und ich heiße ihn *Wille.*

80

Der Wille ist so etwas wie eine Anleitung, die mir vorgibt, was ich zu meiner Befriedigung benötige. Nur zu
dumm, dass auf sie immer und immer wieder ein neues
Verlangen folgt, dass wir damit niemals die vollkom-
mene Befriedigung erlangen können. Ganz recht, ich
bin im Kreis. Aber wenn ich meinen Willen aufgäbe,
um diesem Schicksal zu entrinnen: Würde ich damit
nicht auch – mein Leben aufgeben?

Ein ewiges Auf und Ab ist das Leben, ein einziger Strudel des Glücks und Unglücks! Es wird euch doch klar sein, dass der Freigeist auch sein Unglück noch wollen muss, um dem Leben nicht abzuschwören? Zu *allem* muss er Ja sagen!

82

Unsere Politiker und Wissenschaftler fragen sich heute: »Ist der Mensch denn nicht rational?« ›Rational‹ hieße in diesem Sinne in etwa dasselbe wie ›berechenbar‹. Sind wir berechenbar? Ja: solange man allerdings davon absieht, dass wir allesamt auf unsere Weise *religiös* sind, dass das Ziel und der Sinn jeder Handlung schon ganz natürlich *über* dem Verstand und allem Denken steht und ihm gebietet, dass das Denken nur ein Knecht im Dienste des Herrn namens *Wille* ist, dass der Wille zuletzt tut, was *er* will. Und bei uns weniger religiösen wird es euch leider Gottes noch schwerer fallen: Wir *wollen* ja gar nicht berechenbar sein, wir *wollen* ja gegen Sitte und Statistik sprechen: Wie hielten wir es sonst aus mit ihnen? Irrational will ich uns aber alle nicht nennen, wo wir doch *unserem Willen nach* immer das Rationalste tun.

83

Gibt es einen Menschen, der gegen seinen Willen handeln könnte? Ich glaube es gibt keinen ...

84

Man nenne mir nur eine Revolution, deren größter Antrieb ein rein *philosophischer* gewesen wäre, bei der Gewalt, ungeheurer Mut und Aufopferung nicht in allererster Linie aus einer Lage entsprungen ist, die dem Volk keinen Ausweg, keine andere Wahl mehr gegeben hat. Den Einfluss der Philosophen will ich nicht bestreiten; aber in welch geringem Verhältnis steht er zu dem *Willen* der Unterdrückten? dem unbändigen Willen eines Volkes *frei* zu sein? Wer nichts mehr zu verlieren hat, der *wird* Mut beweisen, der *wird* sich aufopfern! Mit blutendem Auge wird er Rache nehmen, ganz gleich, was die Philosophen sagen.

85

Aber warum denn immer gleich: Der Wille zur *Macht*? Kann ich denn nicht anders wollen? anders wollen wollen? einfach leben, wie mein Schicksal mich treibt?

86

Seinen Willen zu kennen: Darin liegt dem Freigeist die
eigentliche Quelle seines Lebensgefühls: dass er weiß,
was er in seinem tiefsten Innern will; und dass es sonst
nichts gibt …

87

Du musst wissen, was du willst. Kennst du deinen tiefsten Willen, dann wirst du nicht umherschweifen, sondern dich selbst erkennen. Vielleicht wird man dich für
wahnsinnig erklären, aber du wirst du selbst sein.

88

Ob mein Wille wohl frei ist? ob ich in Wirklichkeit leide,
ohne es zu ahnen? ob ich träume oder wache? Sind denn
nicht all diese Fragen für mich und mein Leben *unwis-
sentlich unwesentlich?*

89

Wer in der Frage nach der Freiheit des Willens einmal den
ursprünglichen Argwohn überwunden und ihre gänzli-
che Irrelevanz für das Leben erkannt hat, der wird in den
Verfechtern des freien Willens nur noch vergeistigte Pries-
ter und vergeistlichte Philosophen sehen können. Denn

alles, was sie zu retten versuchen, ist die Lehre der Verantwortung, jene Lehre, die uns die Sünde aufsetzt, die älteste und lebensfeindlichste aller Schimären der Geistlichkeit. >*Verantwortung*<: Das ist nur ein weiteres Konstrukt der Herdentiere und Kindermenschen, nur ein weiteres Zeugnis ihrer Oberflächlichkeit! – Wie? und ihr sagt, es sei gerade erwachsen, Verantwortung zu tragen? Ganz recht; nur man braucht sich nichts darauf einzubilden und sich nicht seiner Kindlichkeit zu schämen. Was liegt am Spiel? Was liegt an deiner Selbst- und Weltvergessenheit? Die Schöpfung ohne ein Morgen! Lass dich gehen …

90

Allein der Glaube an den Determinismus wehte schon immer aus einem übermäßigen Wissenschaftsglauben zu uns her. Den Aufklärern ist es wohl nicht übel zu nehmen, dass sie den religiösen Glauben durch einen neuen Glauben, den Glauben an die Wissenschaft ersetzten. Nur den Heutigen ist vorzuhalten, dass es ihnen nun wirklich an geschichtlicher Bildung fehlt, wenn sie jene alte laplacesche Lehre auch in unseren Tagen noch als Doktrin vertreten. Nicht aus *ihr* stammt unsere Unschuld, nicht aus *diesem* Feind der Freiheit. Aus der Verantwortung *selbst* ist sie entsprungen, aus ihrem schweren, ontologischen Charakter.

Wenn wir in Betracht ziehen, dass das sogenannte metaphysische Sollen nichts mehr ist als irgendein aus vielerlei Weltanschauungen zusammengewürfelter >Gesamtwille< einer Gesellschaft: Wie könnte da noch von einem *kategorischen* Sollen die Rede sein? »*Wenn* ich gegen die Sittengesetze verstoße, *dann* werde ich daraus die Konsequenzen zu ziehen haben.« Zugestanden. Und nicht: »DU SOLLST DICH AN DIE SITTENGESETZE HALTEN!!!!!« Jetzt bin ich vom Stuhl gefallen vor lauter Lärm, aber überzeugt bin ich nicht.

92

Nur dein Herr sagt dir, was du tun und was du nicht tun darfst, was gut und was böse ist. Der Freigeist hat seinen höchsten Herrn getötet: Er ist jetzt kein Knecht mehr; aber er muss lernen, sein eigener Herr zu sein ...

93

Das Leben ist ein Spiel; und die Religiösen haben beschlossen, nicht mehr mitzuspielen. Sie sind die Spielverderber. Nun gibt es auch solche, die das Spiel allzu ernst nehmen. Sie denken, es ginge darum, zu gewinnen. Aber lasst *uns* das Lachen nicht verlernen: Ein Trauerspiel mag das Leben sein, aber sind uns Tragödien nicht die liebsten Kunststücke? Kommt schon, lasst uns mitspielen! Lasst uns lachen und weinen, lasst uns *Ja* sagen zu diesem Feuerwerk der Verwüstung!

94

Was mich mancher Ethiker der heutigen Zeit lehrt: Man stellt fest, was man aus wahllosen Gefühlsgründen als richtig und falsch empfindet, baut darauf sogenannte >Moralgesetze< auf, und zum Schluss soll nicht mehr den Gefühlen nach gehandelt werden – das wäre wohl >unwissenschaftlich< –, sondern nach Gefühls-Gesetzen. Er lehrt mich die *Geschmacksmoral.*

95

Die Freiheit zu leben heißt: nach seinem Willen zu leben. >Altruist< ist der Freigeist nur wenn *er* es will, wenn es seinem Geschmack entspricht. >Egoist< wird er ohnehin sein, er *kann* gar nicht anders: *Niemand* kann dieser Ohnmacht entrinnen! Eine Leere beschleicht mich, eine schaurige Kälte dringt in mich ein: Nur mein Wille, nur mein Wille sei der Welt Gesetz?

Auf den philosophischen Selbstmord folgt das Sich-in-ganzem-Maße-bewusst-Werden, dass die Welt offenbar wirklich keinen tiefsten Inhalt trägt, es folgt das vollständige Begreifen: *Dem Ganzen liegt kein Sinn zugrunde.* Was ich auch tue, ganz egal welcher Beschäftigung ich auch nachgehe und jemals nachgehen werde: *Sinnvoll wird sie niemals sein* ... So sind wir an einem Punkte angelangt, an dem nicht nur unser Selbst, nein, sogar die ganze Welt uns nicht mehr ihres jämmerlichen Daseins wert erscheint. Es ist wahr: Wir müssen leben bis wir sterben – *nur wozu?* Alles ist einfach da: Die Menschen sind da, die ganzen Tiere und Pflanzen, die Berge und Täler, die Wälder und Meere und Wüsten, Sonne, Mond und Sterne, und die Sternhaufen ... Alles ist da – *nur wozu?*

Diese Gedanken müssen wir überwinden. Ich meine damit nicht, dass wir die Sinnfrage schlicht als die falsche Frage abtun. Im Gegenteil: Sie ist die größte und wichtigste Frage unseres Lebens. Als Antwort springt dich das Absurde an. Ein schwacher Geist wird sich zusammenkauern und dem Sinn nachtrauern, sich aus Heimweh und voll blinder Hoffnung doch einem Glauben hingeben. Der starke Geist aber wird sich besinnen, er wird dem Absurden ins Gesicht blicken und darin – *die Schönheit erkennen*. Er sieht die Welt in Widersprüchen, in unlösbaren Konflikten mit seinem Dasein, doch genau aus diesen steigt er mit unbändiger Kraft hervor! *Freiheit* erkennt er in der Leere des Seins, *Freiraum* um Neues zu schaffen. Er ist sich bewusst, aus dem Nichts heraus schöpfen zu müssen: Seine *eigene* Welt muss er errichten, um nicht an der Kälte und Finsternis des Weltraums zu verrecken! *Er selbst* muss die Flamme sein, die das Leben lebendig macht, *er selbst ist der sinnlos schaffende ewige Künstler!*

98

Liebe und Kunst! – wofür sollten wir sonst leben?

99

Jede Kunst, die sich zur Aufgabe gestellt hat, einen bestimmten Sinn oder Wert zu vermitteln, erscheint mir an sich schon als bloßer Kitsch. Wahre Kunst steht jenseits von Gut und Böse.

100

Schon oft habe ich mich gefragt, ob wir die herkömmlichen Formen der Kunst überwinden können. Eine

Variante wäre die Kunst des Lebensstils, die kein Medium mehr braucht, sondern aus dem Leben selbst spricht. Aber wie können wir uns ihr annähern? Wie können wir uns lösen?

101

Die wahre Kunst ist wohl weder Musik noch Malerei, weder Prosa noch Poesie: Sie liegt ganz unvermittelt im Leben selbst, sie ist selbst die Szene, die sich in der ewigen Tragödie des Lebens ereignet. Bloß bleibt mir die Frage: Welche Rolle spiele *ich* in dieser Szene? was habe *ich* hier eigentlich verloren? – bis schließlich die ernüchternde Botschaft in Form eines Vorschlaghammers einschlägt: »Du bist die *Hauptrolle* dieser Szene! Nur deinetwegen *gibt* es die Szene! Du allein bist es, auf den das ganze Kunstwerk sich richtet, du bist der Mittelpunkt, der Ort, an dem alle Flüsse zusammenfließen, der Mensch, um den alle Gegensätze sich aufbäumen, ihren Krieg und Frieden in dir zu finden! Willst du nun, Wurm, dich hinter Trugbildern und Trauerweiden verstecken, dich deiner Natur und deines Spiegelbildes schämen? Oder willst du Pan sein, Eins mit der Natur werden, tanzen und fliegen lernen, im Gewässer der Lethe dich ertränken?«

102

Aber was soll das Theater? Was soll aller Vergleich, alle Metapher, wenn wir uns lösen wollen? Erst das Leben zu *meistern*: das ist die wahre Lebenskunst. Meister des *Lebens* müssen wir werden, Meister der Sinnlosigkeit.

103

In den Phänomenen des Lebens gibt es keine Täuschung: *Sie sind einfach da.* Und welch Fülle sie haben! Welch Reichtum in ihnen liegt, den uns all dies Abstrahieren und Philosophieren vorenthält! Im *Leben* liegt die Tiefe! Im *Leben* liegt die Einsicht, die die Pole zusammenschmilzt, die den Wahnsinn des Schaffenden, die μανία (*mania*) erweckt!

104

Was kümmert es mich also, wenn mir einer sagt, ich sei ›*eigentlich*‹ unglücklich? Möge die Illusion mein Leben begleiten, möge sie mehr und immer mehr in mir aufblühen! Denn was liegt an einem Leiden, das ich nicht spüre: Leid *ist* doch nur subjektiv; ganz so, wie objektive Freude nicht imstande wäre, mich aus der Verzweiflung zu ziehen.

105

Eine ganze Welt aus dem Nichts schöpfen: Das Leben fordert den höchsten Grad der Kreativität an den Freigeist.

106

Ob früh, ob spät: Der Zweifel führt zur Ver-zweiflung. *Eine* Methode liegt darin, den Zweifel zu *bestätigen* und ihn bis zum tiefsten Punkt fortzuspinnen. Dadurch wird er aufgehoben, dadurch löst er sich auf; weit besser allerdings als durch seine Bekämpfung. Denn in ihr können wir wieder und immer wieder neue Zweifel finden. Durch seine Bestätigung aber droht nur die Hoffnung als der negative Zweifel, die sich ganz ausmerzen lässt.

107

Was ist Gesundheit? Dass ich meine inneren Widersprüche auflöse und nicht mehr mit mir selbst kämpfe: Das ist Gesundheit.

108

Ich wurde einmal gefragt, ob ich nicht unmoralisch handeln *müsse*, um meine Philosophie konsequent zu leben. In der Tat gibt es diese Stufe auf der Treppe des

Freigeistes: »Gott ist tot, so lasst uns morden und wollüstige Orgien des Unglaubens feiern!« So ließe sich etwa das Werk und Leben Sades beschreiben. Sade war wie ein kleiner Junge, dessen Eltern über die Feiertage in die Berge gefahren sind. »Sie sind weg, so lasst uns alles tun, was wir sonst nicht tun dürfen!«, spricht es aus seiner Seele. Aber ich denke wir haben das Zeitalter der Pubertät überwunden und können eine Stufe höher steigen.

109

Wer den Weg als erster geht, der geht ihn … ausführlicher?

110

Auf freiem Feld stehen wir nun, blicken auf weiter Ebene zum flammenden Horizont empor, der uns Weltmeere und Lebensmittage verspricht. Doch wohin gehen wir? Wohin führt uns dies Rätsel? Einige behaupten, wir müssten diesen oder jenen Weg einschlagen, uns für dieses oder jenes Schicksal entscheiden. Ihre Wege sind breitgetrampelt. Die Herden haben sie breitgetrampelt, sind ihren Führern gefolgt, mit Trampelfüßen und Trampelbeinen und ihren Trampelgedanken im Schlepptau.

Aber wer weiß: Vielleicht gingen sie den rechten Weg?
Vielleicht haben sie ihre Meere und Mittagssonnen gefunden? Doch es ist einerlei: Ihr Weg ist nicht mein Weg
und mein Weg wird niemals der ihre sein.

111

Wohin gehen wir nun? Ist es links? oder rechts? ist es hinten? ist es vorn? oder gar oben? oder unten ins Dunkel?
Noch stehe ich still, noch bin ich rein und felsenfest. Wer
könnte mich rütteln? mich erschüttern? mich biegen und
zerren? Ich stehe hier an meinem Fleck und rühre mich
nicht. Wer könnte mich rühren, wenn nicht ich?

112

Schon heult der Herbstwind um meine Ohren und ich
war standhaft. So viele habe ich ihre breiten Wege gehen
sehen, sich in der Masse verlieren, sich auf ihren breiten
Wegen verirren sehen. So viele wollten mich mit sich
ziehen, mir ihre Wegweiser und Kompasse aufzwingen,
doch ich hielt stand. Was will jetzt dieser Herbstwind
noch? War ich nicht deutlich genug? Will man mich
reizen? Aber … du weinst ja! Warum weinst du, mein
Lieber? Du weinst – *um mich?* Warum bist du so traurig?
Woher fallen deine Tränen? Von *mir*, sagst du? *Meine
Sonne ist fort?* Aber nein, ich kann doch noch zu ihr

gehen ... wartet sie denn nicht auf mich? Siehst du? Ich kann doch noch zu ihr gehen, siehst du denn nicht? Und du fragst mich, in welche Richtung ich gehen will. Ich bin frei! In *jede* Richtung kann ich gehen! Ob links, ob rechts, ob hinten, ob vorn, ob oben, ob unten ins Dunkel – das ist mir alles gleich! Und doch weinst du noch, mein Freund?

113

Schon treibt mir der Frost die Tränen ins Auge; feuchtwarm perlen sie zu Grunde, wo sie im Schnee vergehen. Ich war standhaft, doch wo bin ich nun? Wohin bin ich gegangen? War *das* das Leben? mein Stolz und mein Stehen? Das war alles? »*Das war es*«, flüstert der Herbstwind und stirbt ... – Freund, komm zurück, mein armer Freund! Komm zurück und ans Ende der Welt will ich mit dir gehen, wo wir Weltmeere und Mittagssonnen finden! Lass uns gleich aufbrechen, hörst du? Bitte komm doch, mein armer armer Freund ... bitte komm, ich bitte dich, *so lebe doch!* –

Unendliche Stille; ich bin allein; mein Freund, der Herbstwind, ist vor Traurigkeit gestorben; so traurig war er, dass er gestorben ist! so traurig war er. Ich hätte leben können; in die weite Welt hätte ich ziehen können, all ihre Schönheit mit meinem Auge sehen. Jetzt ist schon mein Fuß am Boden festgefroren; ich *kann* mich nicht rühren. Ach sterben will ich, so bitterkalt ist mir geworden. Doch nicht *meines* Schicksals wegen; ein Bär bin ich und kann vieles tragen. Meinem Freund dem Herbstwind wegen will ich gehen, der vor Traurigkeit gestorben ist …

Drittes Buch

115

Zwei Gedanken will ich euch näher bringen: die zwei schrecklichsten und zugleich schönsten Gedanken, die ich je gedacht. Ersterer drückt nichts anderes aus als jenes: *Es gibt keinen Sinn des Lebens.* Er führt zum Selbstmord und zur Erlösung der Welt. Der zweite flüstert: *Die Welt ist nicht real.* Er führt zum Wahnsinn der Einsamkeit und zur Erlösung des Selbst.

116

Einmal eingepflanzt wird sich der Gedanke des Solipsismus ausbreiten, bis er dein ganzes Leben beherrscht. Ein Samenkorn ist er, das in dir sprießt und bis zur höchsten Blüte der Verzweiflung heranwächst. Aber lass ihn nicht verdorren, hörst du? Sei mutig, sonst bleibt dir seine Frucht verwehrt. Zu viele lassen ihn absterben, aus Angst vor der Einsamkeit. Sie sagen, er sei unergründlich, um sich vor sich selbst zu schützen. Er *ist* ja unergründlich, aber darin liegt gerade seine Stärke … Auch ich wollte einst Abschied von ihm nehmen, doch ich war längst zu weit gegangen. Zu fest saß er schon in mir; jedes Glied meines Körpers war von seinen dornigen Ranken

durchwuchert. So nahm ich ihn ernst und wurde sein
Schüler ...

117

Eines Nachts hatte ich einen Traum: Ich stand aus dem
Bett heraus auf, zog meinen Mantel und die Schuhe an
und ging in die Nacht hinaus. Sie war eisig und ruhig.
Die Straßen waren leer und es fuhr keine Bahn, so lief ich
auf den Schienen entlang als mir der Gedanke kam: Das
alles ist zu irreal, das muss ein Traum sein! Die Ampel
der Bahn war angeschaltet, obwohl doch weit und breit
nichts fuhr, nur Stille und Leere da war. Ich war also in
einem Traum: in meinem Traum ...

118

So ließ ich mich gehen, schlenderte ruhig und gefasst
durch die Straßen, mit großen Augen, gespannt, was
mich in meinem Traum wohl erwarte. Mit einem Mal
raste ein Lastwagen ganz dicht an mir vorbei, so dass
mein weißer Atem kurz inne hielt. Doch keine Angst
war es, die mich stocken ließ; nur gefasst war ich und
furchtlos.

Ich fühlte mich von etwas angezogen und folgte Minuten, vielleicht Stunden diesem Gefühl; durch leblose Straßen, durch finstere Gassen, über leere Plätze hinweg. Ich ging um den dunklen Teich, bis ich davor stand, vor dem alten Gebäude, das mich so aus der Ferne angezogen hatte. Zwei Gestalten tauchten auf, beobachteten mich. Ich ignorierte sie. Sie hatten in meinem Traum nur diese eine Rolle: mich zu beobachten. Meine Aufmerksamkeit war nun ganz und gar auf das alte, verlassene Gebäude gerichtet. Als ich einige Schritte darauf zugegangen war, um besser sehen zu können, da erkannte ich, dass die Innenräume hell erleuchtet waren. Wer mochte wohl hier sein? Wohnte wohl doch etwas in der Ruine?

120

Ich blickte auf in den Nachthimmel. Welch Leere! Welch Freiheit! Ach, wenn wir doch immer unsere Träume so leben könnten! Wenn wir doch immer so leer und so frei sein könnten! Schließlich ging ich noch ein Stück durch die Straßen und bewunderte die prunkvollen, altehrwürdigen Gebäude der Stadt, bis ich mich in mein Heim zurück begab, meinen Mantel und die Schuhe auszog, und mich zurück in mein warmes Bett legte.

Mit der Möglichkeit, dass wir selbst dann träumen, wenn wir zu wachen meinen, haben sich zwei philosophische Schulen gesondert beschäftigt. Die Schule Descartes' versteht sie als die Möglichkeit eines *Irrtums*: Es ist durchaus möglich, dass ich in Wahrheit *nicht* hier am Ofen sitze, dass ich *nicht* in meinen warmen Mantel gehüllt bin. Weit unheimlicher erscheint mir jedoch die Lehre Pyrrhons, die gar noch den Irrtum *relativiert:* Woher nehme ich denn den Glauben, dass im Traume mir die Wahrheit nur verborgen bleibt und im Wachen sie sich mir sichtlich offenbare? Wir *trennen* das Leben – in zwei Leben. Das eine nennen wir »real«, das andere »unwirklich«. *Beide* sind sie rätselhaft und wunderbar, *beide* sind sie unergründlich, sinnverlassen – und *Eins* sind sie: Es gibt nur *ein* Leben, nur *einen* Traum, verstehst du? Nur ein schöner Traum ist das Leben; so hat er mich gelehrt ...

Als wir noch klein waren, als wir noch unberührt waren von der Last unserer alltäglichen, allnächtlichen Vorurteile, da gab es diese Trennung noch nicht: diese künstliche Trennung zwischen Sein und Schein, zwischen ernsthaftem Wachen und spielerischem Traum. Aber wir

mussten uns irgendwann für eine der Seiten *entscheiden*.
Wir haben sie *auserwählt*, nun das wahre Leben zu sein,
neben dem Schein.

123

Denk nach: Hast du schon einmal etwas über die Welt
erfahren, ohne dass du es vorgestellt hättest? ohne dass
du es gewesen wärest, der da vorstellt? Hast du jemals
die Grenzen überschritten? jemals die Welt gesehen
ganz ohne dein Auge? Nein? Müssten wir also nicht jenem sein Recht einräumen, der da schreibt: »Die Welt
ist meine Vorstellung«?

124

Aber sind wir so nicht schon reif für die Tollhäuser?
wenn ich als Einzelner mich als *der* Einzige begreife?
wenn mir die anderen nichts weiter mehr sind als Traum-
gestalten? Möglich ist es: Ich bin ein Prediger des Wahn-
sinns, ich verführe euch in den Nebel der Einsamkeit,
ich verspreche euch die schönste aller Sonnen auf der
anderen Seite. Aber bin ich schon so gereift? Seht mich
an: Welches Irrenhaus würde *mich* aufnehmen? Hinaus-
schmeißen würde man mich, in hohem Bogen! Seht
mich an: Bin ich schon so gereift, dass ich mich zurück-
ziehen müsste, um der Gesellschaft zu entgehen? – nicht

weil ich *ihr* schadete, sondern weil sie *mir* schadet: Auch diese Zeit wird mir einst kommen, aber *ich* bin noch *hier!*

125

Wenn mich eine Wahrheit nun doch ins Irrenhaus führte: Was kümmerte es die Wahrheit? *Uns* kümmert es: Wir müssen immer auf der Hut sein vor den *gefährlichen Wahrheiten.* Achtsam müssen wir sein, um nicht zu sterben an den schrecklichsten Gedanken, und um doch noch ihre Schönheit zu erspähen. Aber was kümmert es *sie?*

126

Bekanntlich ist schon die ganze Welt ein einziges Irrenhaus. Unbekanntlich ist sie es darum, weil man zwar jene wegsperrt, die »nicht ganz normal« seien, es aber auf Erden gar nichts »normales« gibt. Zum Glück sind wir schon alle *in* der Welt – die Arbeit ist bereits getan. Und auszubrechen bleibt eine Unmöglichkeit – das ist es ja, was wir *sinnlos* heißen: Wir leben im Tollhaus bis wir sterben.

127

Ist das nicht furchtbar? Noch *keinem* ist es gelungen, von hier auszubrechen! Wie könnten wir das Leben denn begreifen, wenn nicht tragisch? wenn nicht zum Tode verdammt? – Aber geht uns nicht ein neues Licht auf, wenn wir uns gewahr werden, dass es offenbar gar keinen Weg hinaus zu diesem alten, lang ersehnten Licht *gibt*? Was liegt am Traume, wenn wir ihn lieben lernen? Was liegt am Tollhaus, wenn es *unser* Haus, wenn es *unser* *Zuhause* ist?

128

Bin ich allein? Es ist möglich. Doch was wird es noch mein Leben bekümmern? Schön ist es, mit anderen Menschen zu lachen, zu weinen, mit ihnen zu leben, ganz gleich, ob sich dahinter noch eine Seele verbirgt. Wer den Solipsismus lebt, wer ihn wahrlich lebt, der wird es fühlen können, selbst dann, wenn er ihn als seine höchste Wahrheit auffasst. Er wird es fühlen können, mit der Zeit, dass diese Wahrheit seinem Leben gleich und gleicher wird – ganz leise wird sie verfliegen. Nur die Tiefe wird bleiben, wahrlich: *Die Schönheit bleibt!*

129

Umarme die Illusion!

130

Alle Spannungen lösen: Zögere nicht, überwinde dich,
tu es! Nicht zu viel denken: Keine Sorgen, lass sie fahren, dann wirst du fliegen lernen! Nicht zu ernst: Sarkas-
mus und Lust und Wahnwitz in den Augen! – das sind
Freigeister-Manieren.

131

Nicht nur von *geistiger* Freiheit soll die Rede sein, sondern auch von körperlicher, räumlicher Freiheit. Aber
der Geist muss erst frei genug werden, um hinaus in die
Welt zu gehen, um das Unermessliche zu wagen. Sonst
wird er im wohlbekannten, warmen Heime bleiben, be-
laden mit seines Volkes Vorurteilen ein selbstsicheres,
gemächliches und insgesamt durchaus beschränktes
Leben führen, bis ihn eines schönen Sommertages der
Sensenmann einholt.

132

Neue Wege gehen: So bleibt man jung und wird dennoch erwachsen.

133

Alles ausprobieren! –

134

Voller verschlossener Türen ist das Leben. Aber du musst nur zu ihnen gehen und es wagen. Spürst du nicht, wie der Türknauf sich langsam lockert? wie er deinem festen Griff nachgibt? Man hat sie gar nicht abgeschlossen – angelehnt hat man sie! Was hält dich zurück? Ist es die Angst vor dem Unbekannten? die Furcht vor der Fremde? Sind es die Ketten, die du dir doch selbst gegeben? die dir die Freiheit streitig machen? Wirf sie ab, Freund, lass sie fallen! Hinter dieser Tür wartet dein Schicksal auf dich, und du willst dich abwenden? Zu viele Türen blieben verschlossen, zu viele Leben sind verfault, ohne ihre Blüten gefunden zu haben. Reiß sie auf, Freund, *spring in dein Schicksal!* – Und vergiss nicht, sie hinter dir zu schließen.

135

Angesichts des immer wiederkehrenden Leides, welches im Zuge des dionysischen Lebensstils zur unausweichlichen Höllenqual heranwächst, bliebe uns – wie einer sagt – nur ein Ausweg: die *Verneinung des Willens.* Diese Verneinung aber ist die Verneinung der Welt, die Verneinung ihrer Schönheit, die sagt: »Die Welt soll aufgelöst werden. Sie ist es nicht wert, sie ist all dies Leiden, all diese Mühsal, all dies morgens Aufstehen, dies abends Zugrundegehen nicht wert. Weit besser, wenn es sie nicht gäbe. Sie hätte nie sein sollen.« Wir Freigeister aber haben uns *für* die Welt entschieden. Zwar leugnen auch wir ihren Sinn, doch *gefällt* es uns besser, wenn sie ist, als wenn sie nicht ist. *Befreit* ist sie von allem Sinn und aller Hoffnung, *losgelöst* vom Grund und Boden unserer Vorväter. So wollen wir sie ewig strebend sehen, ewig in allem Widerspruch sich windend, sich selbst-*über*-windend! Der Mensch in ihr, ob fröhlich, ob kläglich, von allen Facetten des Lebens gefesselt, *in ihr:* im ewigen Kunstwerk! Ganz recht: Auch der Schrecken, die ewige Nacht muss damit akzeptiert werden, ja, selbst dies Dunkel *geliebt* werden. Selbst den Schmerz unserer blutenden Herzen wollen wir lieben. »So habe ich es gewollt!«, wirst du sagen: »Auch dies Leid wollte ich.«

136

– Wo doch der Weg uns lockend offen stand, all dies zu verneinen? Aber wir *wollten* nicht. Mit *Leidenschaft* wollten wir das Leben loben: Liebe und Kummer und Himmel und Hölle! All dies wollten wir! Ihr Lebenden, ewig Strebenden: Wollten wir die Seelenruhe, die Gelassenheit und das Maß? Wollten wir überhaupt – ausgeglichen sein? selig und ruhig sein? Vielleicht war es einmal unser Ziel. Aber haben wir jetzt noch ein Ziel? Kann es denn irgendein Ziel geben, welches *uns* noch ruhig stellen könnte? Kann es ein Ende geben? Der Tod ist das Ende, der Tod! Doch was ist der Tod? Nicht bloß ein weiterer Schritt, ein neugieriges Die-Tür-Aufschlagen? Was sich wohl hinter ihr befindet? Es ist einerlei! Gehe sie auf! Zeige sie mir ihr Geheimnis! Ob die Ruhe folgt oder ein weiterer Kampf sich auftut – *komme was wolle!*

137

Die Dummen erkennen ihn nicht, den ewigen Kreislauf des Willens durch die Triebe und Lüste, und gehen ihnen bis ins Verderben nach. Die Vernünftigen durchschauen ihn und halten sich zurück. Die Freigeister durchschauen ihn, aber leben ihn *erst recht.*

138

Es mag nicht selten vorkommen, dass der Freigeist vor beiden Seiten einen gewissen Ekel empfindet: vor den Gebildeten und dem Pöbel. Mit Ersteren steht er im Widerstreit, sofern sie die Guten und Gerechten sind. Mit dem Pöbel ist er im Einklang, aber dieser hat keinen Sinn für die Tiefe: »Wir hatten also recht? Ach, das hätten wir dir gleich sagen können.« Der Pöbel steht heute immer mehr gegen die Religion und für den Hedonismus: Was hätten wir einzuwenden? Seine Oberflächlichkeit haben wir einzuwenden! und seine Hässlichkeit! Es ergibt sich also ein zwiespältiges Verhältnis: Wir können den Pöbel nicht hassen und doch nicht lieben; wir können uns ihm hingeben und von ihm lernen, aber er wird *uns* nicht verstehen wollen, uns langweilen und uns verstoßen. Aus dem Lande der Bildung irren bei Zeiten weit interessantere Gesprächspartner zu uns. Doch auch mit ihnen können wir nicht in die Tiefe sinken, weil sie empört über unsere Tiefen und Untiefen wären.

139

Sei stark! Erst die Welt zu *lieben* ist die Größe …

140

Sich des Meeres besinnen in Zeiten des Grauens; und des Feuers zur Sommerszeit!

141

Gut, wenn du verzeihst, was du nicht vergessen kannst und vergisst, was du nicht verzeihen kannst.

142

Es ist doch eine Beleidigung gegenüber einer Frau, wenn man nur ihren Körper liebt. Und es ist ebenso eine Beleidigung, wenn man nur ihren Geist liebt.

143

Wahre Liebe liegt nicht darin, dass ich ihre Haare liebe, ihre entschlossenen Augen, ihre feuchten Lippen, ihre zarten Brüste; auch nicht darin, dass ich ihr Lachen liebe, ihr Temperament, ihren Mut, ihr Verlangen nach Tiefe. *Wahre* Liebe liegt darin, dass ich *sie* liebe.

144

In einer Pagode am Flusse meiner Albträume gelegen, der mein Freund ist, fiel mir einst ein Gemälde auf, welches dort hinten rechts im Dunkeln hängt. Es zeigt Siddhartha an einem Ort der voll ruhender Schönheit und tiefster Güte selbst meinen traurigen Augen noch zuzwinkerte. An einem heiteren Örtchen saß Siddhartha da: ein dichter Baum, der ihm Schatten spendet, in der Ferne ein silberner Fluss, sich durch grüne Wiesen schlängelnd. Doch als ich endlich sein sonniges Gemüt erkannte, verstand ich, da verstand ich, dass es nicht der Baum war und nicht der Fluss und nicht die sanften

Wiesen waren – dass es Siddhartha *selbst* war, der diesen Ort in eine Oase der Ruhe und des Friedens verwandelt hatte. Nicht das Wetter ist es, nicht die Stadt in der wir leben, nicht unser Glück ist es, was das Leben reich und fruchtbar macht. Ich bin es, du bist es, wir sind es: So schön ist die Welt, wie wir selbst schön sind.

145

Wie die Welt wohl unabhängig, ganz losgelöst von uns aussähe? Trüb, verworren, chaotisch, unmoralisch …

146

Von ›reiner Erkenntnis‹ kann nun nicht mehr die Rede sein, wo wir selbst in die Ursuppe schon immer unser Salz dazugegeben haben – und probiert einmal, es wieder herauszuholen! Der Zwiespalt zwischen Schein und Sein ist aufgehoben, wir *können* das Salz nicht von der Suppe trennen. Im Leben aber kann uns diese Kunst gestohlen bleiben, solange die Suppe nur gut schmeckt.

147

Ontologie ist als Wissen verkaufter Glaube.

Zu wissen bedeutet nun nicht mehr, zu wissen, wie etwas *ist*, sondern ausschließlich, wie man etwas *tut*. Das war ernst gemeint: Ich meine *ausschließlich*.

Es ist unterhaltsam zu hören, wenn Menschen sich über ihr schlechtes Zeitgefühl beklagen. Andere sprechen wohl metaphorisch, wenn sie sagen, die Zeit selbst sei schnell vergangen. Aber wozu die Metaphorik? Seht euch um: Irren die Tiere sich in der Zeit? Was sollte sich denn irren in der Zeit, wenn nicht der Mensch? Unterm Strich – gibt es gar keine Zeit. Warum sind wir also nicht ein wenig selbstsicherer gegenüber der Konvention: Mir scheint nicht nur, dass die Zeit schneller verginge, wenn ich schreibe: Sie geht *tatsächlich* schneller.

Mir selbst muss ich wohl trauen, wenngleich ich mich auch irren kann. Aber das zeigt nicht, dass ich mich in einigen Dingen von vornherein nicht irren könnte. Vielleicht irre ich in allem; aber trauen muss ich mir doch.

151

Die Schule Pyrrhons ist ganz vorzüglich: Sie hat es geschafft, die Philosophen ganzer Jahrtausende in den Wahnsinn zu treiben – und sie blieb im Recht damit.

152

>Objektive< Fakten werden in erster Linie postuliert. Diejenigen Postulate, gegen die wir keinen Einspruch erheben, setzen sich dann als >allgemein gültig< durch.

153

Seit dem Ende der Weltkriege ist man allerorts eifrig bestrebt, den Nihilismus zu >überwinden<. Ich wüsste nicht, wie ich diese Methode der Überwindung nennen sollte, wenn nicht – *Verdrängung?* Was sollte das denn sonst sein, was man heute zu hören und zu lesen bekommt, wenn nicht ein *weg*-Hören, ein *weg*-Sehen? Warum sollte man denn sonst wieder *religiös werden?* »Wir sind wieder fromm geworden«, heißt es, wie bei Nietzsche – und erzählt mir bloß nicht, diese alten Schinken und deren >Beweiskraft< hätten euch überzeugt! Was gibt es denn zu *beweisen,* wenn ihr doch *glauben* wollt? Und wenn ihr glauben wollt, so will ich euch nicht im Wege stehen: Auch Freigeister können glauben!

Nur dieser Lärm, dieses Stimmengewirr von Vogelscheuchen, die das Gegacker der Hühner aufschrecken, diese Marktschreier und Marktschreiberlinge … sie *verdrängen* nur, was man längst erkannt hatte. Ich kenne nur einen Namen dafür: *Verfall der Kultur.* Die Kultur verfällt, das ist nichts Neues, und Krieg ist etwas Hässliches. Aber um des gefallenen Gottes Willen: Müssen wir das Hässliche denn *noch* hässlicher machen?

154

Die Pflicht und das Sollen und der Zweck schränken die Freiheit ein. Wir wollten doch *frei* sein, Herr Kant? Und doch wollten wir Regeln. Und doch wollten wir frei sein. Dann haben wir Gott getötet. Jetzt sind wir frei …

155

Ein Freund von mir geriet ins Lachen, als ich einmal den Ausdruck der *Geschmacksmoral* verwendete. Nun denn: Das Bild ist schön, die Welt ist gut.

156

Die Religiösen und Moralisten der vergangenen Jahrhunderte haben den Zeitgeist so weit gebracht, dass wir eine besondere Form des Genusses haben können:

den der *sinnvollen Handlung*. Leider haben sie uns damit auch die Sinnlosigkeit eingebracht, jene Auffassung, dass es keinen Sinn gebe, und dass dies das schrecklichste auf der Welt sei. Es handelt sich dabei um eine der schmerzhaftesten Qualen, welche aufzulösen, gar ins Gegenteil zu kehren ich mir vorgesetzt.

157

Die schmerzlichste Religionskritik bestünde wohl darin, sämtliche Götter als die wissenschaftlichen oder rein pragmatischen Modelle unserer Vorfahren aufzufassen. Damit wären jene Modelle ganz einfach überholt und hinfällig. Doch ich halte nicht viel von dieser Methode: Sie respektiert den Feind nicht, erkennt nicht den heimlichen Freund im Feind und lässt keinerlei Erklärung darüber übrig, wie unsere Vorfahren es fertiggebracht haben, dass uns heute ein gewisses Bedürfnis nach Sinnhaftigkeit plagt und uns ein gewisser Sinn für die Sinnlosigkeit so unheimlich inspiriert.

158

Die Qual liegt im *Zweifel*, nicht im Nein.

Wovor hast du Angst? – Vor nichts. – Vor gar nichts? – Nein, vor nichts. – Hast du dich nicht zuletzt noch vor dir selbst gefürchtet? konntest dich selbst kaum ertragen? musstest dich geschlagen geben? Und jetzt, keine Angst mehr? – Keine. Nur die Angst davor, Angst zu haben, und damit nie gelebt zu haben. Angst davor, aus Schwäche nie ganz aus mir herauszugehen, aus diesem gewöhnlichen Leben. – Was willst du tun? – Was ich tun will? Was *kann* ich denn tun? Ich gehe Schritt für Schritt, Sprosse um Sprosse die Leiter nach oben. Doch in mir schreit es nach mehr! Es ist Zeit, ich bin bereit, bereit bin ich, mich an den nächsten *Berg* zu wagen! Ich *fühle* es, ich kann es ertragen. Doch wo ist er, dieser steilste aller Pfade, nach unten wie nach oben? Wo ist er denn, wenn ich ihn rufe und meinen Auftritt verlange? *Sehen* kann ich ihn nicht, noch nicht. Doch wer achtsam ist, so dass er in sanften Brisen noch den Schmetterling spürt, wie er fächert im Wind, der wird den Weg schon sehen können, wenn er ihm zuzwinkert, dieser *eiserne Schicksalspfad!*

Viertes Buch

160

Wirf einen Blick in den Sternenhimmel und du siehst ein Bild vom Chaos der Lichter. Studiere den Sternenhimmel und du erkennst die wohlgeordnete Struktur der Himmelskörper. Wie aber könntest du wissen, ob diese Ordnung schon vorher da gewesen ist?

161

Die Welt ist eine Theorie. Sie ist nichts als unsere Interpretation des *ewigen Chaos.*

162

Dinglichkeit ist das Modell, das Sinnesdaten zu Identischem verbindet. *Sind* sie damit identisch? Nun, es funktioniert. Die meisten Menschen werden sich damit zufrieden geben. Die Wenigsten sind so verwöhnt, überhaupt philosophieren zu können. Aber müsste ich mich schämen für das, was mir in die Wiege gelegt? Wenn ich es verloren hätte, müsste ich mich wohl schämen, wenn ich es weggegeben hätte … Doch hört nur dieses: Man *kann* gar nicht helfen! Man kann nur zu sich selbst finden, sich selbst *erfinden*! Doch seid mir nicht böse, seid mir heiter und hochmütig! Hochmut hat noch keinem großen Geist geschadet, der der Wahrheit ins Auge geblickt. Seid mir nicht kritisch, seid mir humorvoll und leidenschaftlich! Denn wie könntet ihr sonst die Wahrheit ertragen, wenn nicht tragisch – und mit einem Hauch von Ironie.

163

Ein Kriterium dafür, wie ich die Welt erkennen kann, wie sie an sich ist: Ich lege nach und nach all meine Brillen ab und blicke nun ganz nackt und unverfälscht in die Welt hinein. – Aber haben die Brillen das Bild nicht *schärfer* gemacht?

164

Die Zeit der erkennenden, der insgesamt *passiven* Philosophie ist vorüber. Von nun an wird es nur noch die *aktive*, die *schaffende Philosophie* geben.

165

Die philosophische Erkenntnis ist viel mehr ein Prozess als ein Stillstand; wie auch das philosophische Leben stets im Wandel begriffen ist und niemals stille steht.

Einer der größten Fehler, den ein Philosoph begehen kann, ist der, die Philosophie als eine Wissenschaft aufzufassen. Sie ist eine tanzende Göttin ohne ihresgleichen. Es schmerzt sie, in Begrifflichkeiten eingezwängt zu werden, so wird sie ausbrechen, sich an uns rächen, sich tanzend an uns austoben. Doch nicht nur Göttin ist sie, sie ist auch ein Kind. Sie verträgt die ernste Luft der Hörsäle nicht, unter freiem Himmel will sie spielen. Sie will spielen, hört ihr? Sie will frei sein und lieber *über* uns und *unter* uns tanzen anstatt mit uns.

Dass keine reine Erkenntnis möglich ist, hat interessanterweise Kafka am einsichtigsten dargestellt. Ein besonnener Leser wird diesen Grundgedanken der schaffenden Philosophie in seinem >Schloß< wiederfinden. Der Schloßbote Barnabas kann nämlich nicht wissen, ob er ein Schloßbote ist, ob er Briefe vom Schloß erhalten hat, und ja, nicht einmal, ob er jemals im Schloß gewesen ist. Auch hier führt der Zweifel schließlich zur Ver-zweiflung.

Für mich kommt nach dem Schloß immer noch ein Schloß und dahinter noch eines – vielleicht geht irgendwann wieder alles von vorne los: Man wird geboren, man lebt, man stirbt, man wird geboren, man lebt … Nein, diesen Aberglauben, dass irgendwann Schluss sei, gibt es nicht mehr in mir, ich habe ihm abgeschworen. Aber macht mir nun keine traurigen Mienen, meine Freunde: Ihr *wolltet* doch ewig leben! Und sollten noch ernste und verständige Buddhisten unter euch weilen: So werdet mir nur noch ein wenig weiser und ein wenig religionsbefreiter. »Es gibt nichts, was das Samsara vom Nirvana und das Nirvana vom Samsara unterscheidet«, habe ich einen der Euren schreiben gehört und bin entzückt. Ist das Leben nicht schön? Ist es nicht ein Wechselspiel der kräftigsten Farben? Wollt ihr sie nicht auch mischen, sodass sie vereinigt werden? Kommt, lasst uns das Schloß verbrennen!

169

Lösen wir uns von der Illusion, dass wir die Welt ergründeten. Sehen wir lieber zu, dass wir sie schöner machen.

170

»Du kannst nicht am Abend die Weltrevolution ausrufen und am nächsten Morgen deine Kinder zur Schule bringen.« – die Weisheit eines Sauf- und Billardkumpels

171

Im Großen und Ganzen ist das Wechselspiel zwischen Dogmatismus und Skeptizismus ein kreisläufiger Prozess. *Alles* wird sich im Laufe der Zeit widerlegen lassen. Doch es muss weiter gehen, die Welt muss sich weiter drehen. So wird der Skeptiker zum grundlos Schaffenden, der die Grundsteine für eine neue Ära legt. Nur dadurch, dass wir vergessen, *woher* er sie genommen, werden wir sie verehren können, werden wir sie anbeten lernen und lehren, bis unsere Kinder und Kindeskinder erste Zweifel und zweite Zweifel hegen, bis sie verstehen: Aus einem Fluss hat er sie gefischt.

172

Alles, was ich jemals geglaubt habe, hat sich also als *unbeständig* erwiesen. *Nichts* hielt dem Ruf des Löwen stand, *alles* verschwand, verkroch sich in Hinterwelten. *Nichts* hielt stand, verstehst du? – *alles fließt!*

173

So bin ich heute im Begriff, dies Absolute, das ich einst suchte und wie verliebt zu finden hoffte, voller Entschlossenheit zu verneinen. Dies ersehnte Glück, für das ich einst sterben mochte, wird bis in alle mir denkbare Ewigkeit verstoßen. Die Welt ist leer geworden. Da bin nur noch ich und mein Leben.

174

Noch aus Sehnsucht nach dem Absoluten meinen manche, wir müssten jetzt *unsere* Welt als die einzig wahre auffassen, die Interpretation als dies Absolute verstehen. Durchaus, ein interessanter Gedanke, aber er trifft den Kern nicht, er verfehlt ihn! Er ist die Flucht vor der Skepsis, die nur noch mehr zur Skepsis hinführt: Man *kann* ihr nicht entrinnen.

175

Ich löse mich: Ich löse mich vom Absoluten; ich bin losgelöst. Ich löse mich vom Erkennen, von allem Passiven, Rezeptiven und will mich im Leben ganz der Tat hingeben, in der doch die Perle zu liegen scheint. Denn wie doch Erkenntnis immer nur eine verfälschte, ja verunreinigte – *Tat* abgibt, wird das rein Aktive von weit höherer

Brillanz gesegnet sein. Ich würde also dem Traum entsagen, auf Gottes Pfaden zu schreiten, und mich ganz dem Leben hingeben, wie es hier auf Erden ruft. Der Traum ist tot, aber es entstand ein neuer. Eine neue Welt wurde mir geboren.

176

Ich bin nicht mein Geist. Ich bin auch nicht mein Körper. Ich bin auch nicht meine Seele oder dergleichen. Das sind alles nur Eigenschaften. Ich bin *ich* – aber was heißt das? Nun, es gibt auch dieses Ich nicht ohne weiteres. Ich bin ein Konstruiertes, ein von mir selbst geschaffenes Ich – doch bevor ich ich war. Verstehst du? Bevor ich ich war, habe ich mich selbst geschaffen. Seitdem bin ich ich. Auch du hast mich geschaffen. Jetzt bin ich ein Ich für dich: ein Du. Ich bin ein Du für dich, oder ein Er, weil du mich als solchen gesetzt hast. Sonst wäre ich nicht für dich. Verstehst du? Ich wäre nicht für dich. Ich würde zur Masse gehören, zum *Om* der Unbestimmtheit. Und wenn ich nicht für mich wäre? Wenn ich mich selbst nicht als Ich setzte? Ich erinnere mich nicht. Ich war immer ich – obwohl … wenn ich nicht denke, die Gedanken ganz abschalte, dann bin ich nicht für mich. Dann bin ich *an sich* für mich. Verstehst du?

Wie viel uns verloren geht, wenn wir denken, wenn wir sprechen, wenn wir erst sprachlich denken! Alle Ordnung, all dies In-Begriffe-Fassen nimmt uns den Reichtum, den wir tatsächlich erfahren: Was wir fühlen *lässt* sich nicht einzwängen, *lässt* sich nicht ausdrücken. Doch ich will es auf meine Weise versuchen …

178

Ließe sich auch eine Ästhetik des Grotesken begreifen? Ich kenne diese Ästhetik aus einer Zeit, die ich die Zeit der Überlebenden nennen will. Die Straßen, die Häuser, die Menschen: Alles ist zerstört, alles verdreckt und verlottert, der Müll säumt die Gehsteige, der Monsun prasselt auf die Schlaglöcher ein und bringt den Kanal zum Überlaufen. Die Stadt ist erfüllt vom Lärm der Motoren, verstopft vom Drängen des Verkehrs, *voll*gestopft, *über*füllt ist sie von keifenden Menschlein, die wie ich – nur Überlebende sind. Aber erst was sie Leben heißen: *Das* will ich das Groteske nennen. Wie sie ihrem kleinen Glauben nacheifern, nach ihrer kleinen Hoffnung streben, der stechenden Sonne zu entrinnen. »Wenig zu denken ist gut«, so heißt ihre Moral. Aber seht ihr nicht auch die Schönheit in diesem Albtraum? wie sie sich gleich dem Staub auf jeder Faser niederlegt? wie sie unablässig an den schweißdurchnässten Körpern kleben bleibt? Als ob es nur diese eine Schönheit gebe, die wir Reinheit heißen: *Reinlichkeit* will ich sie nennen, die Verwöhnte. Sterben wollte ich nur für das Derbe, für den Dreck – für das *Leben!*

179

Schönheit ist das Eine. Aber was sagt uns die herrlichste Farbenpracht, die eleganteste Form, der tiefste Inhalt, wenn alles kalt ist, wenn die Atmosphäre fehlt? Man muss doch noch atmen können, man muss doch noch fühlen und schmecken können, mit einem Wort: Man muss doch noch *frei sein* in seinem Schaffen und darf keine Angst vor bösen Blicken zeigen. Man muss doch noch *frei sein* in seinem Staunen, wie die Kinder: »*Das* will ich *auch* machen.«

180

Der Charakter, der uns von unserem Bekanntenkreis auferlegt wurde, schränkt uns ein. Das ist einfach gesagt: Wir könnten so viel mehr wagen, als uns die Gewohnheit hinter unserem Nacken flüstert. Täglich könnten wir neue Wege gehen, stündlich, minütlich aus uns herausbrechen, die unsichtbaren Mauern zerschlagen. Aber wir »wollen« das nicht, »Das ist nicht meine Art«, gibt man vor. Aber ich frage euch dieses: Wollt ihr es nicht *doch?* Durchforscht euer Gemüt, eure innersten Triebe, ganz frei von fremden Stimmen und Blicken. Seht ihr nicht die neuen Welten, die sich euch auftun? Zugegeben, das ist das Schwere: Dass man etwas Neues wollen will. Aber es ist möglich, sage ich euch. Noch schwerer ist es, es auch zu tun. Mit einem Mal *seht* ihr die Mauern, die euch umgeben. Sie sind da, fest und schwer sind sie, wenn ihr sie auch für kleinlich hieltet. Was hindert dich? Warum *tust* du es nicht? Weil es schwer ist und so leicht sein könnte. Wenn du es nicht gleich tust, wird es Monate, vielleicht Jahre dauern, auch nur einmal deinen Charakter zu überwinden. Aber dann wirst du es sehen können: Eine weite Ebene, eine ruhende Steppe, ein Mensch. Du bist dieser Mensch. Aber nicht nur. Auch mich wirst du in ihm sehen können, und alle, die sich bis hierher gewagt haben.

181

Gewohnheit – das ist des Herrgotts Fluch: Durch sie erst *glauben* wir an ihn. Wie die Zeit verweht, ihr Alltagsfliegen! Wie könntet ihr da in euch gehen? wie könntet ihr euch *fragen,* wenn ihr niemals stille steht? Worauf hat man sie gebaut, eure Fundamente? auf einen Felsen, der zu Sand verflossen? auf ein Boot, das kein Ufer kennt?

Auf der Gewohnheit *selbst* hat man sie abgelegt, hat man sie liegen lassen. Und mehr noch: Die Gewohnheit *ist* eure höchste Tafel, die Gewohnheit *ist* euer Gott! Hieße nun sie zu leugnen nicht auch Gott zu leugnen? So seid ihr verflucht bis ans Ende der Zeit – und *eure* Zeit verweht geschwind. Wollt ihr nicht lieber Eintagsfliegen, Zweitagsfliegen sein? und dafür Tage loben, die ein ganzes Leben lang leuchten?

182

»Man wird es hier nur mit der Beschreibung eines geistigen Übels im Reinzustande zu tun haben«, schreibt Camus über seinen ›Mythos von Sisyphos‹ und meint das Absurde. Der Freigeist aber muss noch höher streben. Nicht als ein Übel, sondern als ein Gut muss er das Absurde begreifen – als *sein* Gut. Schönheit heißt sich die Libelle, die ihrem Gefängnis entkommen.

183

Auch Camus wählte schließlich diesen Pfad, nahm den Felsbrocken auf sich, nahm den ewigen Berg auf sich: *mit einem Lächeln auf den Lippen.* Selbst heute noch treffen wir uns gelegentlich, grüßen uns herzlich und gehen unseres gemeinsamen Weges.

Wir müssen eine klare Trennlinie ziehen zwischen dem Sinn und dem bloßen Gefühl eines Sinnes. Frühere Autoren scheinen diese Begriffe – ob bewusst oder unbewusst – miteinander zu vermengen. »Du bist ziellos, hast keine Perspektiven, keine Zukunft mehr in Sicht? Dann ist dein Leben auch sinnlos«, so sagen die einen. »Du bist trostlos, siehst nichts als Leid, nichts als Qual im Leben? Dann kannst du auch keinen Sinn mehr darin finden«, so sagen die anderen. Aber diesen wie auch jenen Sinn meine ich nicht. Es ist der Sinn des Wohlbefindens, der sich stets wandelt. Noch wenn man im siebten Himmel schwebt, sein Schicksal fest vor Augen, den Sinn *leugnen: Das* ist der absurde Lebensstil.

Der Ekel vor dem Vielzuvielen mag eine Vorentscheidung sein, doch auch er kann noch überwunden werden. Ach, ihr müsst allem nur das *Sollen* abnehmen, das ihr ihm auferlegt, dann wird der Rest von selbst verfliegen. Der Geist, der sagt: »Die Welt ist nicht so, wie sie sein sollte«, ist ein armer Trotz und ein Trauerspieler. *Alles* wird er tun, um die Welt zu ›retten‹, *jeden* wird er hassen, der ihm im Wege steht, und zuletzt – wird er seine *Belohnung* erwarten. Lasst dies Sollen fallen, rate ich euch,

dann werden sich auch eure Ekel und eure Erwartungen
verfliegen. »Alles ist Gut«, sagt der ruhende Geist: Wir
müssen nur auf unsere Gedanken achtgeben, dass sie
nicht wiehern und ausschlagen.

186

Das eigenartigste an den französischen Existenzialisten
ist, dass ihr bester, Camus, keiner war. Bleibt der Urvater
Sartre: Sprünge über Sprünge. Kein Wunder hat der
Fremde sich abgewandt. Und der Vater auch vom Fremden: Vorwürfe über Vorwürfe. »Humanisme!« wird
das Schlagwort, ob gut oder übel gemeint. Und beide
zu recht: Die Männer wie die Worte. Ich weiß … es ist
schwer. Aber wir wollen den Kopf nicht hängen lassen.
Der Existenzkampf möge sich fortsetzen und reiner und
erdiger werden, bis wir ihn tief an der Wurzel packen
können – und ihn umdrehen.

187

Das Schwierigste ist wohl das: dass wir uns selbst genug
sind. Denn jeder Mensch wird seiner Natur nach seine
Bestätigung bei *anderen* suchen, er wird sein Treiben,
sein Werk *objektivieren* müssen. Nach *draußen* muss es,
nach draußen *will* es, was dort in uns schmort. Sonst
bleiben wir einsam in unserer Tiefe und ertrinken in

ihr. Wer soll uns noch auffischen, wenn wir zu trunken sind? wenn wir unsichtbar geworden sind? Und doch wollen wir frei sein, frei vom Urteil unserer Nächsten. Im *Geheimen* will der Freigeist sein Leben führen. Zu sich *selbst* muss er zurückkehren, um sich selbst zu finden. Zu sich *selbst* muss er noch sagen können, ohne zu blinzeln: »Hier bin ich.« In *ihm* liegt der Kern, der zur Blüte sich entfaltet, in *dir* liegt er …

188

Im Grunde müssen wir nur die Feinde des Lebens als solche entlarven und sie kalt stellen: Der apollinische Lebensstil, von dem die Willensverneinung nur eine Extremform darstellt, entpuppt sich als der erste Parasit des zu überwindenden Zeitalters. Er hat uns die Mäßigung, das Maß oder Maßband angelegt und unsere Sprache mit einem Unwort bereichert: der *Maßlosigkeit.* – Hört ihr den geschmacklosen, negativen Beiklang? Aber maßlos zu sein, das heißt: kein Maß zu kennen, sich *über* dem Maß zu *erheben*. Nach den *Sternen* wollen wir greifen, nicht nach Vorschriften und Nachlässen. Was gilt es nachzulassen, wenn der Wind pfeift und wir auf Vollmast fahren? Was gilt es dem Wind vorzuschreiben, in welche Richtung er weht?

Der zweite Parasit des Lebens ist die Hoffnung; es gibt kein gierigeres, kein gefräßigeres Ungeziefer. Zuerst haben wir die Hoffnung auf ein *anderes* Leben, auf ein Leben *danach*. Welche Lehre wäre lebensfeindlicher als diese, welche unser Dasein auf Erden als *zweitrangig*, ja, als *letztrangig* abstuft? »Das Leben ist egal«, flüstert sie dir ins Gewissen, um dich für sich einzunehmen, um deine Seele zu stehlen! Welches Gift wäre verführerischer als das, welches dir Wärme im Jenseits verspricht, dich schläfrig und träge macht, bis du freiwillig hinübertrittst? »Komm ins Glück!«, lockt es von drüben und fährt dir in die Eingeweiden.

Heute haben wir die Hoffnung auf einen *Sinn* des Ganzen: *Heimweh* mag ich dies Scheusal nennen. Unseren Gott haben wir getötet: Jetzt klebt uns Blut an den Händen. Selbst müssten wir Götter werden, um die Wahrheit zu ertragen: Aber zu klein sind wir, uns für Götter zu halten. So klein sind wir noch, dass wir lieber umkehren, anstatt hervorzustürzen! So klein sind wir, dass wir Heimweh haben nach der Wärme und Geborgenheit, nach dem Mutterschoß, aus dem wir kamen! Aber – warum sind wir dann aufgebrochen in die weite Welt?

»Sie ist so hart! Sie ist so kalt!«, schreit deine arme Seele. Doch hier gibt es Luft, hier können wir atmen: Die *Freiheit* schenkt uns diese Welt! – Nur *wozu* wollen wir frei sein? *Wozu* wollen wir freie Geister sein? –

191

Kreativität ist die Antwort, wenn auch eine indirekte, vorläufige. Wir müssen Acht auf sie geben, wie auf unseren Augapfel: Ohne *ihn* können wir nicht sehen und die Welt verfällt in Finsternis. Ohne *sie* sind wir des Schaffens nicht mächtig und frieren fest, bis der Herbstwind kommt – und vergeht … *Alles* müssen wir als Inspiration betrachten, wenn wir den Schritt wagen wollen. Wir müssen uns aufwecken, uns anstecken lassen von jener *Gabe*, die nur ein wahnsinniger Gott die seine nennen kann.

192

Wenn mir einer einwendet: »Das ist doch sinnlos, was wir tun«, will ich mich wie ein Donnergott aufbäumen und verkünden: »*Alles* ist sinnlos. Komm, lass uns weitermachen.«

193

In der Tat scheint mir unser einziger Ausweg aus der
Postmoderne in der bewusst sinnlosen Handlung zu liegen. Wir müssen uns von der ganzen Ära loslösen, um sie
überwinden zu können.

194

Was denkt Ihr denn, wie sich die Welt weiterentwi-
ckeln wird? in Ausartungen, die wir nur aus Science-
Fiction-Filmen kennen! Es wird kein Platz mehr sein für
schwächliche Rufe: »Zurück! zurück nach Hause!« Was
ist dies Zuhause, nach dem ihr vergeblich schreit? Es gibt
kein Heim mehr für uns Weltverdammte, nur noch Morgen kann es geben, niemals Gestern. *Selbst* müssen wir
gehen, immerfort auf neuen Wegen, uns selbst folgend,
niemals dem Vater, den wir verbannten. Keinem Sinn,
keinem Sollen ist zu folgen: nur dir selbst, der du dein
eigener Hirte bist.

195

Je tiefer wir nun in die Materie eindringen, desto weiter
spannt sich der Bogen; so wie der Mensch, den wir lieben, uns im Handumdrehen ins größte Glück oder Unglück stürzen kann.

196

>Angewandte Ethik< bezeichnet gewisse Therapieveranstaltungen, bei denen ganze Gesellschaften Ratschläge erhalten sollen, wie sie sich verhalten können, ohne sich dabei schlecht zu fühlen.

197

Alle Gesetzgebung ist Selbstgesetzgebung.

198

Ich kenne keinen größeren Zwiespalt des Geistes als Kant. Niemals ist mir ein Denker begegnet, der die Menschheit mit einer größeren Frucht beschenkt und diese noch im selben Leben verdorben hätte. Wer kritisch beginnt, endet oftmals überkritisch, unkritisch, schwärmerisch – und der Schwarm verdirbt die Frucht, labt sich an ihr, dann wird es warm … Elendes Tropengeziefer! Wie sie krabbeln und kriechen! Wie sie schleichen und ihren seichten Schleim über alte Werke streichen! »Freiheit«, brabbeln sie mit halben Mäulern und halben Ohren. Dabei ist es doch *kalt* in Königsberg! Dabei herrscht dort hoch im Norden doch die »Pflicht«! Und ihr wollt mir Krabbeltiere spielen? wollt mir Kriecher sein, die Preußens Winter überstehen? Und doch – lebt ihr noch. Was soll ich bloß mit euch machen? Soll ich euch ins Eisfach sperren und euch sagen: das ist Pflicht? Soll ich euch ins Feuer schmeißen und euch sagen: das ist Freiheit? Das ist unglaublich, dass ihr noch lebt! Könnt ihr nicht Ruhe geben? Doch es ist einerlei. Den Kern der Frucht könnt ihr nicht fressen mit euren halben Mäulern, auch wenn ihr nur halb hören könnt. Und eines schönen Frühlingsmorgens werdet auch ihr genesen und mit ganzen Ohren hören, was ich euch sage: Dass *alles* frei ist und nicht euer Wille im Einzelnen, dass es gar kein Einzelnes *gibt*, mit einem Wort: dass alles *frei* und *eins* ist.

199

Es ist durchaus ein Zeichen vom fehlenden Geschmack unserer Zeit, dass trotz aller Einwände die Pflichtmoral nach wie vor ihr Unwesen treibt. Man will sich ›moralisch bilden‹ und gibt sich ohne weiteres damit zufrieden, einen kategorischen Imperativ vorgesetzt zu bekommen. Nur zu, servieren wir am besten etwas schwer Verdauliches, dann wird dem Laien schnell die Lust vergehen, sich ernsthaft mit den Vor- und Nachspeisen der ›reinen Vernunft‹ zu befassen. In dieser Hinsicht sind wir auf dem Stand des Mittelalters: Wir heben eine Autorität vergangener Zeiten auf die Empore der Göttlichkeit, nur weil wir uns zu schade sind, unseren Schädel selbst zu

gebrauchen. Wie unmündig wir wieder geworden sind!
Wie geschmacklos wir sind, uns an den Aufklärern selbst
aufzuhängen!

200

Bedeutung aus der Geschichte heraus ist immer nur eine
Idee. Die Geschichte macht sie zur großen Idee, aber sie
wird nie mehr sein als das. Revolutionen bedürfen dieser
Ideen, sie steigern den Mut und die Kraft der Aufständi-
schen. Sein Leben für das Wohl anderer zu opfern – das
geht nur aus Verzweiflung und durch eine große Idee.
Ideen können also große Machtmittel zur Bewegung
der Massen sein. Sie sind leer, doch das tut im Eifer des
Gefechts nichts zur Sache. Sie sind dazu in der Lage, die
Grenzen zwischen den Einzelnen verschwinden zu lassen, ein Volk eins werden zu lassen.

201

Zuerst ist nur der Wille da, der Widerwille gegen die
Herrschenden. Er ist die eigentliche Grundlage einer
jeden Revolution. Die Herde aber ist religiös und ver-
mischt ihn mit Rechten, führt den uralten Begriff der
Gerechtigkeit wieder ein. »Ich will das nicht« wird
übersetzt in »Das ist ungerecht.« Diese Rechtfertigung,
die sich im Verborgenen allerlei anmaßt, ist leer, wie sie

alle leer sind. Doch es bedarf dieser leeren Worte, um sicher zu gehen, dass man nicht alleine revoltiert. Es bedarf dieses falschen Gottes, ohne den wohl keine Revolution möglich gewesen wäre.

202

Der Freigeist müsste lügen, um ein Revolutionär zu sein. Doch er *will* ein Revolutionär sein, er will die Gemüter anheizen! Was bleibt? Ein Sprung? Doch er will saubere Hände behalten. Sein einziger Weg bestünde wohl darin, dass er – wie zum Spaß – das Feuer entfacht und eure Augen zum Glühen bringt. Als ein Kunstwerk wird er es ansehen, wenn ganze Völker ihre Fesseln zerreißen, ihre Ketten zerschlagen, ihre ewigen Mauern zu Fall bringen! Lieben wird er es, wenn sie sich ihre Freiheit erkämpfen, ob des Körpers oder des Geistes.

203

Das geistige Klima, welches uns das späte neunzehnte Jahrhundert überlassen hat, welches im zwanzigsten Jahrhundert in die Tat umgesetzt wurde, war das gefährlichste Klima, das mir als möglich erscheint: Nihilismus gepaart mit Ideologie. Es gibt immer zwei Tafeln: Die Tafel des *Verbots* und die Tafel des *Gebots*. Sie sind immer im Widerstreit: Was die eine will, will die andere nicht, also kämpfen sie. Wer den Nihilismus aber auf seine Tafel schreibt, der zerbricht sie. Wir haben sie zerbrochen. Jetzt ist nur noch eine da. Ihrem Willen steht nichts mehr im Wege: Wir *dürfen* begehren, wir *dürfen* lügen, wir *dürfen* stehlen, wir *dürfen* ehebrechen, wir *dürfen* töten, wir *dürfen* gottlos sein! Aber was *sollen* wir tun? Es liegt auf der Hand, dass die Ideologien die besten Antworten bereitstellen: Sie sind simpel, naiv und ergreifend. Es liegt auf der Hand, dass ein gottloses Jahrhundert sich einen neuen Gott sucht: ob er *Gleichheit* oder *Führer* heißt.

204

Die Schuldfrage: Anstatt den wahren Verbrecher und Lebensfeind vor Gericht zu führen, hat man den Nihilismus als neuen Sündenbock auserkoren. Man gibt sich >ideologiekritisch< und spricht noch im selben Satz von Einheit und Gerechtigkeit. Die Ideologie hat überlebt, den Nihilismus hat man ausgehungert – ach, wie religiös wir noch sind! Wie religiös noch unsere Atheisten und Existenzialisten sind! Heute müssen wir gegen *neue* Kirchen kämpfen, da gilt Nachsicht mit den alten und Wohlwollen mit den meditativen, ekstatischen.

Es gibt nur eine Tafel. Wir haben sie zerbrochen. Jetzt sind wir allein. Und wie ihr auch basteln wollt, ihr umherirrt und verzweifelt nach Sekundenkleber sucht: Eure Hoffnung wird vergebens sein, lasst sie fahren. Lasst alles fahren, was euch lieb und teuer war, lasst euch treiben im Lethe. Und wenn ihr euch gefunden habt, hört hin, was der Fluss euch flüstert. Er kommt vom Berg und fließt ins Meer. Lasst euch ins Meer fließen, lasst euch von seiner Tiefe erzählen … *Es gibt nur eine Tafel:* Wer die *Verbote* wahrlich leugnet, wird auch die *Gebote* leugnen. *Wir haben sie zerbrochen:* Der Nihilismus vertilgt die Ideologie, der Sündenbock die Sünde. *Jetzt sind wir allein* … aber spürst du nicht, wie wir dem Meer näher kommen? Siehst du nicht, wie die rote Sonne daraus emporsteigt? Und der Himmel über dir … *wolkenlos!*

Fünftes Buch

206

Begriffen habt ihr es längst, dass dieser Welt ein wahrer Sinn fehlt. Aber habt ihr auch das *Gefühl* für die Sinnlosigkeit? Fühlt ihr es auch, wie der dunkle Ozean sich hebt? wie er sich düster durch die Lüfte wälzt? Habt ihr es auch, dieses tiefe Grollen im Magen? dieses unheimliche Beben? Liegt es nur in mir, oder liegt aus auch hier, im Gebirg' und Gebälk? Spürt ihr nicht die Erde zittern? wie sie birst und droht, uns zu verschlingen? Horcht! … Riecht ihr die Schwüle und die Schwangerschaft der Erde? wie sie sich aufbläht? wie sie Donner und Blitze scheut, um sich zu verbergen? Seht genau hin, schmeckt genau, dass sie nach Torf und Schwefel schmeckt! Tastet, ergreift sie, und *fühlt* sie, dass sie gereift ist!

207

Eine schicksalsvolle Nacht, eine schöne Nacht, eine wilde Nacht, eine verhängnisvolle Nacht, eine schmerzliche Nacht, eine traurige Nacht, eine finstere Nacht, eine harte Nacht – ein harter Morgen. Ein harter Morgen, ein kalter Morgen, ein elender Morgen, ein erbärmlicher Morgen, ein langer Morgen, ein ewiger Morgen, der niemals aufhören, niemals zu Ende gehen will! Was fehlt uns? was fehlt uns? was fehlt uns noch zum ersten Schritt? Wie man die Sonne schon hören kann, dort hinter den düsteren Felsen, *hört ihr sie?* Wie sie schon Zeichen gibt, die Geduldige, wie sie aus sich herausbricht, herausbrodelt, auf uns herabbrodelt – *ihr müsst sie doch hören können!* Die Arme, die Traurige, die Starke, die Mutige, die Ruhige, die Helle, die Leuchtende, die *Erleuchtende:* Was fehlt uns noch, um sie willkommen zu heißen, nach ihrem langen Trauermarsch? Was fehlt uns noch, ihr gute Gastgeber zu sein, für sie zu sorgen, dass sie sich wohl fühle hier bei uns? Sie will es ja, sie *will* in unserm Herzen wohnen, sie *will,* dass einst auch wir zu Sonnen werden; dass wir Funken sprühen, Funken um Funken sprühen, in die weite Welt der Dunkelheit; dass wir Flammen zeugen, Flammen um Flammen zeugen, in diese ewige Kälte hinaus. Sie will, dass auch wir eines Tages unsere eigenen Sonnen sähen, dass wir sie groß und größer ziehen, bis sie von Ozean bis Ozean die Welten fluten.

208

Nein, es reicht mir nicht aus, mich von den tierischen Trieben freizumachen und die Bedeutung der Moralgesetze zu leugnen: Um frei zu sein, muss ich auch *mich* leugnen – *überwinden* muss ich mich …

209

Ungewöhnliches, Neues löst in den Menschen der Gesellschaft etwas Unvorhersehbares, etwas Dunkles aus. Sie sind geneigt, in jedem Falle zu handeln, ohne zu denken, ohne zu verstehen, was sie tun, für gewöhnlich *gegen* dies Ungewohnte: denn sie lieben ihre Gewohnheiten. Diese heimliche Spannung, die sich in jeder Gesellschaft findet, kann für den Freigeist sowohl hinderlich als auch reizvoll sein. Hinderlich, weil die Gesellschaft droht, ihn auszubremsen, ihn kaltzustellen; reizvoll, weil er sich *über* sie stellt, weil sie ihm als als Schleuder dient, in die höchsten Lüfte.

210

Überwinde deine Gewohnheiten!

211

Sogar die Angst vor dem Tode lässt sich überwinden, die Natur lässt sich besiegen: *Das* hat die Religion bewiesen. Jetzt ist es an der Zeit, die Religion zu überwinden.

212

»Wenn du Nietzsche nach dem Sinn des Lebens fragen würdest, hätte er sich wohl vorgebeugt, dir tief in die Augen gesehen und – seinen Bart angezündet.« Sprichwort eines Freundes

213

Hoffnungslos sind wir: Alle Hoffnung ließen wir fahren. Jetzt sind wir sie los.

214

Eure *irdischen* Hoffnungen will ich euch nicht absprechen. Nährt sie, tränkt sie, melkt sie: Und sie werden euch den Mut schenken, den ihr Freigeister niemals missen dürft. Aber lasst diese Gabe nicht verderben, lasst sie nicht sauer werden: Sonst wird sie sich gegen euch wenden, euch das Leben verbittern und den Tod versüßen. *Schärfen* sollt ihr sie und *aufheizen*: dass ihr nicht faul und zaghaft werdet. *Gift* sollt ihr beimischen und *Feuerwasser*: damit ihr spürt, dass ihr noch am Leben seid. *Lebendig* will euch die Erdenhoffnung, nicht müde, nicht nachgiebig. *Erfinderisch* will sie euch und spricht: Dein Schicksal nimm in *deine* Hand und ich will dir Trost und Balsam sein.

Der Vorwurf unserer modernen Gesellschaft an »die Philosophen« ließe sich unter folgenden Grundkonsens bringen: »Geplapper, Elfenbeinturm, hat mit den wirklichen Problemen der Menschen nichts zu tun.« Zuerst müsste man sich entscheiden, wer überhaupt unter »den Philosophen« zu verstehen ist. Sind es die Alten, die Neuen, die Heutigen, oder ist es die Philosophie als solche? An den Alten wird man wenig auszusetzen haben: Hier wird Platon, da wird Aristoteles zitiert und sich an altehrwürdiger Weisheit gelabt. Und erst Sokrates: oh Sokrates! *Das* war ein toller Mann! – welch Gefasel. Bei den neuen Philosophen wird es schwierig: Man muss sie ja erst *lesen*, um sie zu verstehen! – ein Problem, das auch die Heutigen kennen, ohne es wahrhaben zu wollen. Mit ihrer fixen Idee, die Philosophie zur Wissenschaft zu ›erheben‹, haben nun diese es endlich geschafft, alle Vorwürfe zu erfüllen: Man spricht über Sprache; man verkriecht sich hinter elfenbeinernen Universitätsmauern und schreibt Aufsätze, die nur Philosophen, also ›Wissenschaftler‹, verstehen; die Probleme der Menschen werden als ›Scheinprobleme‹ abgetan. *Das* ist die Philosophie als Wissenschaft. Was die Philosophie als solche betrifft, weiß ich nicht, ob man auch Künstlern derartige Vorwürfe macht. Künstler *sind* wahnsinnig, so der

Volksglaube. Aber ist das nicht eine gute Sache, wenn wir wahnsinnig sind?

216

Jegliche Variante der Lebensphilosophie hat übrigens mit den Vorwürfen gegen »die Philosophen« nichts gemein. Sie *können* sich nur auf Wortverdreher, theoretische Gebilde und metaphysische Architekturen beziehen. Lebensphilosophie ist antimetaphysisch, praktisch und kann nur mit dem Gefühl geprüft werden. Mehr und mehr versteht sie sich als Ärztin der tiefen Seelen, denen das Wasser zu seicht und lauwarm erscheint, als dass sie darin ertrinken könnten.

217

Das Leben! – die Antwort auf alle großen Fragen der Philosophie.

218

Die Welt der Gesellschaft hat ihren Vorteil, ja ihren Höhepunkt daraus getragen, dass sie sich anmaßte, mehr zu sein als bloße Pragmatik. Ist dieses Vorurteil erst einmal ausgekaut, ist es überwunden, abgetan, dann wird sich die Hochachtung zu dieser Welt niederlegen. Sie wird schlafen gehen und zwei anderen den Weg ebnen: einer Welt im Verborgenen, die für immer ein Nebelschleier, unfassbar, unbegreiflich bleiben wird; und einer Welt der gänzlichen Unverborgenheit, die immer hier, ganz dicht bei mir ist – auch in diesem Augenblick –, die ich spüren, ja berühren kann, und die *mich* berührt, die mir nichts nimmt, als meine Jungfräulichkeit.

219

Oh Leben! Was du mir schenkst, nur dass ich es einsaugen und kosten kann! Wohin führst du mich, du überreiche, heilige Natur? Wohin führt dieser finstere Pfad deines nächtlichen Gartens? Oh Leben! Was du mir nimmst mit der Zeit! Meine Schwäche nimmst du mir, meine Skrupel, meine Reinlichkeit, auf dass ich hart werde – und *verbraucht*. Im Spiegel will ich es sehen, dass ich gelebt habe, dass ich gekämpft habe, mit dem letzten, tiefsten Willen! In mein Gesicht soll es sich einprägen, soll es sich tief eingraben, ja: Das Schicksal soll den Meißel an mein Haupt anlegen – und es *formen*.

220

Was ist Wahrheit? Die Einen sprechen vom unwandelbaren Sein im Verborgenen: Aber wie könnt ihr darüber *sprechen*, wenn es *verborgen* ist? Weil ihr es *sehen* könnt?

weil ihr es *denken* könnt? Über eure Gedanken sprecht ihr mir, nicht über das Sein. Die Anderen leugnen das Sein: »Der Mensch ist die Wahrheit«, verkünden sie. Aber ist nicht der Mensch als Wahrheit immer nur – eine *Menschenwahrheit*? Ist er nicht die Ohnmacht seiner Tieres-Herkunft und seiner Götter-Zukunft?

221

In der Tat stammt der Mensch aus dem Erdenreich. Aus der Tiefe der Meere musste er sich winden, durch die Sümpfe der Trauer musste er waten, bis er sich herauszog: an seinen eigenen Haaren! Hinaus ans Licht hat er sich gekämpft, nur um auf feuchtem Boden zu kriechen. Aber Luft hat er gewonnen, und Sonne! Der Boden wird fester – vielleicht spröder? Die Luft wird klarer – vielleicht dünner? gebirgiger? Vielleicht kommen wir höher, vielleicht … steigt der Mensch nach oben? Eines Tages wird er auf Bergen stehen und sehen: woher er kam, wohin er ging.

222

Ist das Zufall, dass sich die Weltgeschichte parallel zur philosophischen entwickelt? Die alten Religionen sind bezeichnend für einen naiven Realismus, der sich anmaßt, uns über Gottheiten und andere Absolutheiten zu belehren. Das Jahrhundert der Ideologien war – wie auch der Name sagt – noch ganz ergriffen vom Geist des Idealismus: Gott haben wir getötet, also mussten wir uns einen neuen schaffen. »Der Mensch« wurde zu Gott, oder »die Rasse«, oder »die Gerechtigkeit«. Und heute? Haben wir ihn überwunden? Die Wissenschaft soll ihn *ersetzen?* … Merkt ihr es? Die Menschheit ist noch nicht reif für diesen Schritt. Wir *sind* noch Idealisten! Aber was hieße es, dem Idealismus abzuschwören? *Kritisch,* gar *skeptisch* zu sein, hieße es: *bescheiden* im Wissen und *maßlos* im Tun.

223

Es ist an der Zeit, dass man sich einmal nüchtern mit dem Nationalsozialismus beschäftigt. Bisher wurde diese Nüchternheit von vielerlei Faktoren ausgebremst: dem Schuldgefühl, der Umerziehung und der Angst, in der Öffentlichkeit als angeblicher ›Antisemit‹ schikaniert zu werden. Schuld fühle ich keine, sofern ich mich gar nicht als Deutscher fühle: Vielleicht bin ich Europäer, vielleicht bin ich ein Weltenbummler. Dass wir umerzogen wurden und uns wohl nur aus diesem Grunde als Demokraten verstehen, muss man bloß durchschauen: Radikal gesprochen wäre ja *jede* Erziehung schon eine Gehirnwäsche. Schließlich bleibt nur noch die Angst,

der sich mit Mut begegnen lässt, und mit der Hoffnung
auf nüchterne Zuhörer.

224

Kann es wieder passieren, dass ein kleiner Mann die
Herrschaft eines großen Volkes an sich reißt und die
ganze Welt ins Verderben stürzt? Um diese Frage zu be-
antworten, müssen wir nur einen Blick auf die Völker
werfen, die ein solches oder ein ähnliches Schicksal er-
litten – und es zuließen. Es ist offensichtlich, dass sich
irgendein Gottkönig ohne weiteres in ein armes, noch
dazu temperamentloses Volk einschleichen kann: immer
wieder. Große Krisen sind ein zweiter Aspekt: Wenn
die Menschen ziellos, orientierungslos sind, werden sie
dem großen Ideenbringer, dem Propheten zujubeln.
Haben sie sich erst seiner Führung unterworfen, dann
werden sie sich aus Angst nicht mehr zur Umkehr zwingen können. Werfen wir schließlich einen Blick auf die
Charakterzüge der Machthabenden. Politik: Wichtigtuer, Schauspieler. Wirtschaft: Wichtigtuer, Schauspieler.
Gesellschaft: Wichtigtuer, Schauspieler. Ich denke der
Frage, ob ein kleiner Mann abermals die Herrschaft eines großen Volkes ergreifen und die Welt ins Verderben
stürzen kann, kann ich nur nüchtern zunicken.

Unsere Haltung gegen den Nationalsozialismus ist auf Sand gebaut. Das Problem liegt darin, dass wir ihn dogmatisch und ohne jegliche Reflexion als »falsch« bezeichnen, und darin, dass immer gleich lautes Geschrei aufkommt, sobald einer zum Denken auffordert. »Darüber kann man nicht nachdenken!«, heißt es, ohne uns ausreden zu lassen. In letzter Zeit kommt in eigentümlicher Weise zum Vorschein, dass unsere Haltung gerade dieser Reflexion bedarf. Die Deutschen werden weniger, die Zuwanderer mehr. Die Deutschen bemühen sich auf verschiedene Weisen, ihre Einstellung zu rechtfertigen, dass ihnen die derzeitigen Entwicklungen nicht passen. Die schwächste Variante dessen ist die Berufung auf das Christentum als der Kern der abendländischen Kultur. Wollten wir nicht laizistisch, wollten wir nicht demokratisch sein und Religionsfreiheit gewähren? Die Demokratie schlägt sich – wie so oft – mit ihren eigenen Waffen; die Religionskriege beginnen wieder: wie mittelalterlich im Kampfe der Kulturen! Die zweite und bislang letzte Variante bringt durch ihre Direktheit die traurige Realität ans Licht: »Wir wollen euch nicht!«, sagt sie schlicht und rational, robotisch. »Nur Probleme bringt ihr uns!« Voll Ohnmacht blickt ein Volk auf seine Vergangenheit zurück – und schämt sich.

Wenn wir die Ideologien und die Selbstverherrlichung der Menschen nicht loswerden, werden wir uns zweifelsohne in die nächste Tyrannei, in den nächsten Weltkrieg manövrieren. Wir müssen unsere Dogmatik, unser Kindermenschentum ablegen und überdenken: War unser Weg wirklich der *falsche*, oder ein *notwendiger*, der sich ganz natürlich aus unseren Vorurteilen ergeben musste? Wenn wir unsere Vorfahren als einfältig abstempeln, vergessen wir, wie viele Vorurteile immer noch auf uns lasten. Frei machen müssen wir uns von dieser Last, von diesem Absoluten. Wenn wir erst frei sind, fliegen wir wie Schmetterlinge und lächeln über alte Trauerspiele. Aber wir müssen auch achtsam bleiben, achtgeben auf das, was das Schicksal uns bereitet. Wir können immer abstürzen, zurückfallen, vergessen. Vergesslichkeit ist die faule Ausrede, wieder schwatzen, wieder lästern und herumschreien zu dürfen. Wir *dürfen* auch schwatzen und lästern und herumschreien – aber wir wollen das nicht.

227

Am Ende sehe ich nur diesen Mann, der Millionen von Menschen – sinnlos töten ließ; ich sehe Millionen von Kindern – sinnlos hungern; Milliarden von Unterdrückten – sinnlos leiden. In der Tat sind wir auch sinnlos glücklich, sinnlos finden wir Freude an diesem sinnlosen Leben. Aber ein schönes Leben ist es, das wir freien Geister fristen. Friede wünschen wir der Welt, auf dass auch andere ihr Meer und ihr Gebirge finden. Friede wünschen wir ihnen und Mut: ihren Weg zu gehen und niemals umzukehren.

228

Mit Politik beschäftigt sich der Freigeist nur aus Zeitvertreib – oder aus reinem Überlebenswillen. Überaus wichtige Menschen in Anzügen, überaus wichtige Entschlüsse, die in überaus wichtigen Gebäuden gefällt werden: Nein, das ist kein Ort für eine tiefe Seele. Rechtlich gewählte Politiker sind in erster Linie – beliebte Menschen. Ihr ganzes Leben verstanden sie sich ausgezeichnet darauf, andere von Ideen zu begeistern: Je schlechter die Idee, desto besser der Politiker – oder umgekehrt, wenn ihr wollt. Was die selbst ernannten Pharaonen und Hohepriester betrifft, liegt auf der Hand, dass sie Kinder sind und nur auf andere Kinder zum Spielen warten. Erst wenn das Eis der Hochachtung geschmolzen ist und Heerscharen von jugendlichen Freiheitskämpfern die Paläste stürmen, lohnt sich ein Blick in die Zeitung – oder ein Besuch. Diesen kann ich wirklich empfehlen, aber man muss rennen können!

Zwei wesentliche Eigenschaften der Kindermenschen: Erstens haben sie die Sittengesetze ihres Landes, ihres Wohnortes, ihres Freundes- und Bekanntenkreises ständig im Gespür. Übertritt sie ein Jemand, werden sie unruhig, befragen und plappern: »Ein Unrecht ist geschehen!« So wird er ein Niemand. Zweitens setzen sie ihre Menschenwelt als Welt an sich. »Sei gerecht!« wird damit für sie zum Sollen für Jedermann. Der einzige Weg hinaus aus dieser Einfalt ist die Vielfalt: Er führt sie nach draußen in die Welt, wo fremde Kulturen und fremde Sitten warten.

230

Als ich in den Gebirgen Bulgariens unterwegs war, hatte ich ein Gespräch mit einem Stein: »Mir ist alles einerlei! Stoße mich, werfe mich, breche mich!«, sprach er mit tiefer Stimme. »Aber würde ich dir nicht Wehe tun, wenn ich dich würfe? dich nicht töten, wenn ich dich bräche?« Er verstummte. Nach einer Weile der Ruhe fragte er mich, was das denn sei, zu leiden, zu sterben. Ich erzählte ihm von meinem Willen, dass ich auf ihn achtgeben müsse, um dem Leid zu entgehen und Freude zu finden. »Aber du – das bin doch ich«, staunte er. So erzählte ich ihm von der Welt, von der Vielfalt der

Einzeldinge, von der Schönheit des Lebens. »Ich bin ein Mensch und du bist ein Stein«, schloss ich ab. »Ich bin kein Stein«, entgegnete er. »In deiner Sprache würdest du mich wohl ›Chaos‹ nennen, oder ›das Eine‹.« So wurde mir klar, dass er nicht differenzierte, dass er die Grenzen nicht sah, die wir Menschen uns einbilden. Ein Gefühl der Einheit überkam mich, fast schämte ich mich, ihn einen Stein genannt zu haben. »Nichts für ungut«, sprach er mit sanfter Stimme. »Es muss schön sein, sich eine Welt aufzuspannen und in ihr zu leben. Diesen ›Willen‹, von dem du sprichst, kenne ich nicht. Es muss schön sein, wenn er sich ändert, wenn er mal gut, mal schlecht ist. Du solltest dich um ihn kümmern.« Ein breites Lächeln legte sich auf meine Lippen. Belebt grüßte ich den Stein und ging meines Weges.

231

Ich hatte mich lange mit den Argumenten der Pessimisten beschäftigt. Ich schlief, stand auf und rannte – gegen einen Balken, mit dem Kopf: Schmerz! Leid! Qual! Aber ein Lächeln, ein Aufleuchten: Mein Wohlgefühl war die Voraussetzung gewesen. Unlust hängt auch von der Lust ab.

232

Dass Lust und Unlust zwei entgegengesetzte Pole sind, die sich gegenseitig anziehen und abstoßen: Das könnte nur anhand von metaphysischen Spitzfindigkeiten angezweifelt werden. Aber was, wenn mich schon deine Spitzfindigkeit abstößt, wenn mich schon der maßlose Anspruch auf die End- und Letztgültigkeit deiner Lehre davon losreißt? Als anziehend betrachte ich nur das Konkrete, das für unser Dasein Relevante.

233

Dass Lust und Unlust Geschwister sind und zusammen groß werden, ist einer von Nietzsches stärksten, ungesehenen Gedanken: Wir müssen auch unser Leid füttern und lieben lernen – um aufzusteigen.

234

Ein echter Schicksalsmensch muss leiden lernen. Das Leid zu lindern, es durch Almosen zu hindern, hemmt die Bewegung seines Pendels – es muss frei, es muss ungestört gleiten können, auf dass es weiter und höher schwinge. Er muss erst tief, tief ins Tal herabstürzen, um sich zur Sonne zu schaukeln.

Schon immer wandelt die Welt sich vom Einen ins Viele, vom Einklang zum Gegensatz, von der Einsicht zum Widerspruch. Schon immer wird sie schärfer, wird sie derber, zwiespältiger: Ich kann euch verstehen, wenn ihr umkehren wollt, wenn ihr den Spieß wenden wollt. Kommt zur Ruhe und Einigkeit, löscht das Feuer des Widerstreits. Aber *gewendet* habt ihr den Spieß damit nicht, ihr lasst das gute Fleisch nur verderben. Ihr wollt euer Schicksal umgehen, aber gibt es *eines*, was unumgänglicher wäre als das Schicksal? Das Schicksal wird eintreten, ganz egal, wie ihr euch auch abwenden wollt. Ihr verschließt eure Tore zur Welt – das Schicksal wird sie aufbrechen und eindringen. Euren Rücken wendet ihr ihm zu – ganz gleich, dann wird es euch von hinten einholen. Es ist wahr: Die Welt *wird* härter. Aber sie wird auch feiner, interessanter, vielschichtiger. *Öffnet* eure Tore! Weit sollt ihr sie aufreißen und die Schönheit wird auf weiten Schwingen einfliegen. Wendet euch *hin* zum Schicksal! Tief in sein Auge sollt ihr blicken und es herausfordern – dann wird es euch aufsaugen und euch sein Innerstes zeigen.

Je weiter die Organismen sich im Laufe der Evolution fortentwickeln, desto geringer wird der Anteil des Sollens, desto höher der Anteil des Wollens an ihrem Leben. Wie die niederen Organismen noch blindlings ihren Gesetzen folgen, so räumt ihnen die Natur mit ansteigender Intelligenz doch eine gewisse Freiheit ein, indem dieses Sollen immer weniger verbindlich wird, immer mehr Freiraum an das Wollen abgibt. Ritual und Tradition sind durchaus noch ein Nachhall unserer primitivsten Vergangenheit. Es ist daher kein Wunder, dass die Religion immer der Philosophie vorangegangen ist. Mit ansteigender Intelligenz muss sich irgendwann einer fragen: »*Wozu* dieser blinde Gehorsam?« Sind *wir* nun blind geblieben, gleich unserer Ahnen, oder können wir weiter schreiten? Wenn der Mensch erst reif genug ist und über die ausreichende Kenntnis über den ursprünglichen Nutzen dieses Sollens verfügt, dann wird er es gänzlich durch ein Wollen ersetzen.

Der Sündenfall: Hat die Schlange nicht die Wahrheit gesagt? »Esst von der Frucht und ihr werdet sein wie Gott und werdet wissen, was Gut, was Böse ist«, so sprach die Schlange. »Esst von ihr und ihr werdet wissen, was

Gott weiß.« Seitdem *wissen* wir, seitdem *gibt* es Gut und
Böse! Noch heimtückischer war die Schlange, anstelle
der Lüge uns die *Wahrheit* zu sagen! Nur durch sie wird
die Tat zur Sünde, nur durch sie hat man uns aus dem
Paradies verbannt! Doch dass es einen Ausweg gibt, einen Weg zurück ins Paradies – das hat der Mensch erst
jetzt erkannt. Dass diese Sünde zwar erblich aber nicht
unsterblich, nicht ewig währt – das ist nur dem *freien*
Geist bekannt. *Vergessen* kann er, was einst Sünde war,
leugnen kann er die Erkenntnis von Gut und Böse.

238

Der Ur-sprung der Welt: ein Hervortreten aus dem
tiefsten Dunkel, ein Augen-Öffnen, ein Mund-Öffnen,
ein Schrei! Ein Lauschen, ein Riechen, ein Schmecken,
ein Greifen, ein Be-greifen; ein Suchen, ein Ver-suchen,
ein Sammeln, ein Ordnen, ein Ein-ordnen; ein Stehen,
ein Ver-stehen, ein Gehen, ein Laufen, ein Ver-laufen
und sich Wieder-finden; ein Entdecken, ein Verstecken,
ein Spielen, ein Träumen, ein Machen, ein Tun, ein
Schaffen ...

239

Im *Hier* und im *Jetzt* liegt der Schnittpunkt der Welt.
Hier bin ich, hier sind diese Pflaumen, hier ist dieser

Aschenbecher. Jetzt bin ich, jetzt sind diese Pflaumen, jetzt ist dieser Aschenbecher. Alles andere ist dort, ist fort, ist früher, ist später: Alles andere ist Hypothese.

240

Du fragst nach meinen Zukunftsplänen? Ich spiele mit dem Gedanken, ein paar Bücher zu schreiben. Ich spiele mit dem Gedanken, ein paar Länder zu bereisen. Aber Pläne? Das ist fest, das ist schwer, nicht wahr? Das ist sicher, das ist klar – oder irre ich mich?

241

Die Wahrheit, nicht die Lüge leben: Das gilt für den freien wie für den tragenden Geist: Klarheit, Offenheit, fester Gang, erhobenes Haupt. Aus bloßer Größe und nicht aus Pflicht auf etwas verzichten: Das ist die große Schwierigkeit des Freigeistes.

242

Jeder Altruismus ist zweitrangig. Es gibt jene feinen Gemüter, die stets mit der Gemeinschaft fühlen, die stets nur um deren Wohl bemüht sind. Ihnen wird es besonders schwer fallen, dieses Gewand der Fürsorge abzulegen. Nicht dass es schlecht wäre, sich für andere einzusetzen,

Mut zu beweisen. Der Altruismus ist zweitrangig, nicht letztrangig. Aber sie werden ihrer Sanftmut nicht entfliehen können, sie wird sie beherrschen und einzwängen, ihnen die Luft rauben. Werft ab dieses Gewand, dass ihr frei atmen könnt!

243

Zuerst müssen wir groß und wahrhaftig sein, das ist das Erste. Dann scheiden sich die Geister: Der tragende Geist muss viel auf sich laden, um groß zu sein. Der Freigeist muss schön sein; vor allem muss er schön sein.

244

Dass die Welt bloße Täuschung sei, das ergibt sich eigens aus der ›wahren‹ Welt dahinter, der Hinterwelt. Wer sie als solche leugnet – oder genauer: unseren Zugang zu ihr als Welt –, der wird sich nach und nach besinnen. Seine Sinne werden zu leuchten beginnen, mal hier, mal da sich labend an den Leidenschaften des Lebens. Aber er kann noch weiter gehen, er kann noch höher steigen und tiefer bohren. *Die Welt ist nicht real*«, stand einst auf seiner Stirn geschrieben, und tief im Auge währt es immer noch. Doch diese Welt war eine andere, war eine höhere, verführerische. Die neue Welt, die er sich gewann, kennt keinen Schein, kennt keine Schichten.

Real will er sie wieder machen, Stück für Stück, Tag um Tag. Zurück will er rücken, doch nicht bloß sich an den Sinnen freuen, sondern das Echte, das Wahre berühren. *Ganz frei werden* muss er wieder, von der Weltflucht, von der Weltverleumdung: Und der Berg kann wieder Berg sein, und das Meer kann wieder Meer sein.

245

Machen wir die Welt real, lasst sie uns wahr werden! Lasst diesen Tisch wieder Tisch sein, lasst diesen Stuhl wieder Stuhl sein, dieses Bett wieder Bett … Und die Farbenpracht des Erdenreichs wollen wir mehr und mehr zu kosten lernen. Nur auf *eines* müssen wir achtgeben: Lasst die Welt auch *sinnlos* sein, wie sie ist.

246

Irgendwann fand ich sie: *die Morgensonne.* Ein erster Lichtstrahl, ein erstes bisschen Wärme, ein ruhiges Spähen am Horizont. Zusammengepfercht saß ich auf einem kalten, harten Treppchen, vor mir der Palast und der traurigste Garten. Mein Freund, der Frieden, saß neben mir: frierend, zitternd, doch stark – in sich gekehrt. Und ich vergaß, vergaß die Finsternis, den ewigen Schatten. Ich gab mich in die Tiefen, in *meine* Tiefen, in mein Meer, hinein in meine Fluten, hinein …

247

Eine ruhige Frauenstimme rief mich in den Tag: Es war die Katzenfrau. Sie war alt, alt wie das Land aus dem sie kam, und warm, warm wie der erste wahre Sonnenstrahl. Sie war gütig und sagte nicht viel, ging ihres Weges, verschwand. Sie ist die schönste Frau der Welt, die mir die Sonne brachte – und der Frieden lächelte nur, vertieft. Bitterkalt war es, und noch niemals habe ich diese Wärme gespürt, dieses ruhige Lächeln, das über allem schwebt, dieses ruhige Lächeln der Morgensonne und des Friedens, welches auch auf meine, auch auf deine Lippen gleitet, wenn du verstehst ...

248

Alles ist gut so, wie es ist – egal *wie* es ist.

249

Hör zu, was dies Lächeln mir flüstert, was der Frieden mir anvertraut: *»Dir kann nichts geschehen«*, sagt er, und er meint es ernst. *»Gehe deinen Weg«*, sagt er. *»Kontrolliere deine Gedanken.«* Mehr braucht es nicht für dies Lächeln, mehr brauchst *du* nicht, um glücklich zu sein. Wenn du verstehst, wird die Kälte verwehen, wird alle Qual, alles Leid des Lebens ein ganz kleines, ein Nichts.

Auch ich bin ein Schüler dieser schlichten und klaren Lehre: Nicht einfach ist der Weg, ein Auf und ein Ab ist er, schön ist er immerdar. Streng musst du sein, und besonders streng mit deiner Strenge: dass sie dich nicht aushöhlt und dich weglockt vom Glück.

Sechstes Buch

250

Wolkenloser Himmel! Meeresluft! Ich atme tief und in die Ferne. Atem … sie fließt in meine Höhlen; in mich gleitet sie und aus mir strömt sie. Die Wellen brechen, sanft, sie kräuseln sich an meinen Ufern. Am Horizont: Ein Segelboot! Von stürmischen Winden ans Ende der Welt getragen, wo Gewitterwolken und dunkle Meerestiefen warten, kehrt es heim, kehrt nachhause zurück, in meinen Hafen. Doch nichts ist, wie es einst war: Alles wird, alles wird geworden. Die Zeit krümmt sich, die Zeit biegt sich zum Kreis, zum Punkte gar. Der Raum wölbt sich, er umstülpt sich, verhüllt sich in der Leere Gewand. Der Sand, von Wellen umwoben, Fingern gleich streichelnd. Ein Sandkorn – immerdar! die Welt umgreifend! Nach draußen das Sandkorn, nach draußen, ins Leere, ins Freie! Lasst sie tanzen an meinen Ufern, lasst sie viele sein! Lasst die Wellen sie streicheln, lasst sie Finger und Wellen sein! Lasst uns das Sandkorn aufpflücken, lasst uns die Düfte der Meere in die Lüfte verstreuen, lasst sie uns aushöhlen, uns ausströmen, in die Ferne verwehen, atmen. Am Horizont: Leere, Vergessenheit. Ein Blick in den Himmel, wie er hoch oben steht, erhaben – *ungetrübt und klar.*

251

Ein Sonnenstrahl am kältesten Wintertag – und das
Beste ist: Er wärmt mich nicht; einzig *schön* ist er. Aber
die Ästhetik erfordert diese Ausgeglichenheit, ein gewisses Maß an Gesundheit, die Abwesenheit von allzu
tiefem Schmerz. Wenn ich bitterlich friere, an diesem
klaren Wintertag wahrlich am *erfrieren* bin, wenn mir
nichts hilft und ich nur hoffen kann, nichts anderes mehr
denken kann, als was mir helfe – wie sollte ich die Schönheit noch *erkennen*? Durchaus, ein geübter Ästhet würde
sie sehen können; aber als eine teuflische, eine tödliche
Schönheit. Er würde sie hassen dafür, dass sie bloß schön
und kein warmer Ofen ist. Seine ganze Welt wird zum
toten Schatten: Allem, was ihm nicht helfen kann, wird
er den Rücken kehren. Ganz klein wird seine Welt: Nur
noch Gut und Böse ist die Welt des Leidenden.

252

Waren nicht alle Religiösen Leidende? Härter muss der
Freigeist werden, denn auch er ist ein Leidender. Er *sieht*
die Nichtigkeit seiner kleinen Welt. *Loslösen* will er sich,
doch sie hängt an ihm wie ein Blutegel. Die Schönheit
seines Leids wird ihn beflügeln, doch seine Flügelchen
drohen schon abzubrechen. Auch er muss zum Blutsau-
ger werden: Sein eigenes Blut muss er trinken; kopfüber

muss er sich in Schluchten hängen, um den Ausweg zu erspähen. Auf finsteren Umwegen muss er flattern, muss er das Fliegen lernen. Vergiss deine Not, vergiss dein Gut und Böse auch in finsteren Grotten. Und der Sonnenstrahl wird dir den Weg weisen, hinaus ans Licht.

253

Manchmal muss man tief ins Dunkle gehen, um wieder froh werden zu können ...

254

Je älter wir werden, desto >erwachsener< werden wir – in der Kunst und im Leben. Aus dem Spontanen, Schöpferischen der Jugend wird die Zielsetzung und das leblose Interesse an leblosen Gütern. Auf das spielerische, sprachlose Denken und Tun folgt das sprachliche Einzwängen von Gefühlen – und das Tun wird zur Handlung, zur >Verantwortung<. Aus dem ewigen Leben im Hier und Jetzt wird die Sorge um die Zukunft, die Sorge um das *Unumgängliche* ...

255

Wenn ein Kind ein Bild malt, dann malt es zuerst und gibt ihm erst später einen Namen.

256

Der beste Künstler wäre wohl ein Kind, das weiß, was es
tut.

257

Das Hauptproblem aller Kunst ist der Kitsch. Die beste
Kunst läuft dabei auf die *höchste* Gefahr, eben *weil* sie die
Beste ist, weil sie prächtig und klar ist. Schließlich wird
sie zum Klassiker degradiert und hoch gepriesen, bis sie
im Schlamm des Mythos oder der Legende versinkt –
und stinkt vor lauter Kitsch! Somit wird die beste Kunst
zur schlechtesten. – Doch was bleibt uns? Gibt es ein Ge-
gengift? Dunkelheit, Melancholie, Moll: Die Kunst muss
selbst ein Gift sein, um dem Kitsch nicht zu verfallen.

258

Kunst als Religionsersatz? Wenn ich der Künstler bin,
wenn mich die μανία ergreift, dann wird mir mein Gut
und mein Böse, meine Wonne, mein Leid zum weit Ent-
fernten: Wie durch Nebelschwaden spricht es zu mir, ruft
flüsternd, unbemerkt, wie aus einer anderen Welt. Nichtig wird es. Wichtig ist nur, was die Inspiration, was mein
Schaffenswille mir sagt. Er packt mich, er rüttelt und
schüttelt mich, dass ich alles vergesse, was vor ihm war

und was anderswo geschieht: Es ist nichtig. Hier wird alles überwunden, was bis heute mir blieb, alle Trauer, alle Freude: Sie ist nichts als ein Nebenprodukt, ein vergessenes Etwas, was weit unter mir spukt. Was muss, das muss: Eine neue Form des Sollens entsteht, keine Unterwürfigkeit, nein, eine Ekstase, eine Phase des kindlichen Traumes, die den lebendigen Geist übermannt, ihn durchströmt, ihn weiter und immer weiter belebt, bis er vor Kraft und Größe strotzt, bis er … *den Sinn überwindet.* Die Sinnlosigkeit spricht aus meiner Natur, aus meiner Größe und Kraft, meiner Schaffensgewalt! Doch ich höre sie nicht, und wie sie auch spricht, bin ich Taub für ihre lüsternen Lippen, bin ich ganz bei *mir*, für *mich*, in *meiner* Ekstase. Meine Ohren sind stumm geworden, und meine Augen – wie sie brennen! wie sie leuchten! Ein glühender Strom, der aus meiner Feder fließt, ein Meer von Farben, das aus meinen Händen sich ergießt! Was will ich zweifeln? Was will ich hoffen? Nur *ergreifen* will ich die Fluten, die aus mir sprudeln. Nicht mehr *sein* will ich – nur noch *werden.* Nicht mehr *denken* will ich – nur noch *tun,* nur noch *schaffen!*

259

Kunst, Kunst, Kunst – *wir sind verloren!*

Platon hat ganz recht erkannt, dass die durchaus mystische Intuition im Wesentlichen nichts weiter ist als die bloße Wiedererinnerung an längst vergessene Zeiten. Woran er nicht gedacht hat, ist dieses, dass selbst er, der >göttliche< Platon, gewiss auch einmal ein Kind gewesen ist. Seine Kindheit wirkt ihm verschwommen, auf eine Weise traumhaft, ideal, als wäre sie ein Leben – vor dem Leben; als hätte die Wahrheit aus Himmelshöhen sich mit einem Mal auf seinen Kopf gesetzt, die Stürmische. Klauen hat sie und tausend Schnäbel, die Picken und Hacken auf ihn ein, bis er sie verdorben, verleumdet – für Englein hält. Ach Platon, mein kleiner Erwachsener, was treibt dich in diese >Einsicht<, in diese Anmut? Nach oben zeigst du, warnend, nicht vor Krähen – vor Englein warnst du uns andächtig! Du Größter aller Großen, zeigst auf zum *noch* Größeren, zum *noch* Höheren? Als du ein Kind warst, hast du es *gesehen*, und jetzt *erinnerst* du dich: Ist das nicht albern, mein Guter, ist das nicht die Phantasie eines Kindes, die da spricht? Blühend war sie und blühend wird sie immer sein; schön ist sie, die Phantasie, aber ist sie *erheblich* oder nicht *erniedrigend*? Nach oben zeigt dein Finger, aber ist das dein *Ziel* oder dein *Ausgangspunkt*?

Der Idealismus im Sinne von Berkeley und Hegel ist nichts als der überwiegend *menschliche* Ausweg aus der Unhaltbarkeit des ursprünglichen Realismus. Man konnte die grenzenlose Nichtigkeit der Welt nicht ertragen und musste sie als Geist, als rein Begriffliches degradieren. »Erhöhen«, würde man mir gewiss entgegnen, aber ich frage euch eines, warum die Genannten *Religiöse* waren? Warum braucht Berkeley Gott? Warum spricht Hegel von Gott, etwa ohne seiner zu bedürfen? »Objektiv« und »Absolut« will man den Geist, man will ihn *un*abhängig, *los*gelöst … Unsere Materialisten haben nun die Wahl, ob sie zurück oder nach vorn schreiten wollen. Die Idealisten haben uns immerhin aus der skeptischen Untätigkeit befreit, indem sie den Weg zum Pragmatismus ebneten. Pragmatik: Das ist alles, was die Wissenschaft ausdrückt, und alles, was sie jemals ausgedrückt hat. Alles andere ist Aberglaube oder falsche Bescheidenheit. Pragmatik ist die Bescheidenheit des Weisen. Auf die Frage, ob dort vor ihm ein Glas stehe, antwortet er: »Nun, ich kann daraus trinken.«

262

Vor-stellen: Ich stelle mir etwas vor; vor mich. Ich stelle es, ich stelle es vor mich hin. Es steht dann vor mir. *Ich habe das gemacht …*

263

»Πράγματα (*pragmata*): Dinge, das, womit man es im besorgenden Umgang zu tun hat.« Ganz genau: Das sind die Konstruktionen unserer Pragmatik, mit denen wir umzugehen lernten, die man wegen Darwin meint, *richtig* zu sehen, obwohl wir sie – auch wegen Darwin – immer nur ihrer *Nützlichkeit* nach und niemals ihrer *Wahrheit* nach betrachten *konnten*.

264

Die grenzenlose Oberflächlichkeit unserer Zeitgenossen – und womöglich *aller* Zeitgenossen – stammt in erster Linie aus ihrem Glauben an Worte. Vermutlich ist das der Grund, weshalb die besten Literaten reichlich wenig Wert auf die sittengerechte oder wörterbuchgetreue Bedeutung ihrer Wortwahl gelegt haben, weshalb die besten Literaten allesamt Feinde aller Begrifflichkeit waren. Zu oft musste ich hören, dass man nur dann eine Sache recht verstanden habe, wenn man sie auch erklären könne. Die meisten Menschen, die eine bestimmte praktische Fähigkeit haben, werden sie nicht in Begriffe fassen können, sie gar nicht begreifen *wollen*, um ihr keine Grenzen vorzusetzen. Allein >Wissen< ist schon ein Begriff der Kindermenschen, anhand dessen sie Rechte beanspruchen und noch Rechtfertigungen rechtfertigen. Was ist schon Wissen, wenn es nicht Macht ist, wenn es nicht *anwendbar* ist? Nichts als die Betrügerei derer, die im Geheimen doch nur die Menschheit und mit ihr die ganze Welt versklaven wollen. Sprache ist nichts weiter als ein äußerst vages Mittel der Kommunikation, das sich bei Zeiten mehr anmaßt, als es ist – und Kunst ist sie, die sich im Klang der Worte und in der grenzenlosen Phantasie des Menschen über allen Widerspruch erhebt.

265

Wie viel Ausdruck sich allein in der Sprache der verschiedensten Völker verbirgt! Wie viel wir über die Himmel und Höllen, über die Freuden- und Leidenschaften fremder – und gar bekannter – Völker allein durch das Studium ihrer Sprache lernen können! Wie viel Ehre und Lebendigkeit in der alten Sprache der Griechen steckt, und welch Lebensfreude in der neuen! Welch Treue zum Höheren, welch raue Schönheit sich im Arabischen verbirgt! Und im Deutschen? Ich könnte nichts Friedliches, nichts wahrhaft Zierliches auf Deutsch schreiben; weil der Kern der Deutschen ein harter, ein ernster ist, weil das Deutsche immer nur Krieg und Feuer bedeutet, niemals Ruhe, niemals Friede, niemals Selbstvergessenheit.

266

Die meisten Schriftsteller werfen in ihren frühen Schriften nur so um sich mit allerlei Namen, Zitaten, Fachausdrücken. Mit aller Gewalt, wider jeden Geschmack wollen sie der Welt beweisen, wie gebildet sie sind, wie viele Bücher sie gelesen haben. Stattdessen könnte man auch einfach schweigen, seine Gedanken für sich behalten, sie der Welt ersparen. Doch ich habe mich für das kleinere Übel entschieden.

267

Gibt es überhaupt eine Form der Bescheidenheit, die keine falsche Bescheidenheit wäre? Gerade die arrogantesten Menschen geben sich äußerst bescheiden, um ihre wahre Natur zu verhüllen; aber man kann sie *riechen*. Viel lieber sind mir da die Selbstgefälligen, die ruhig auch einmal zeigen, was sie auf dem Kasten haben: so dass man sie *sehen* kann.

Der Begriff der *Rechtfertigung* ist nun auch in die Debatten der Erkenntnistheorie gefahren. Ein ewiger Streit zieht sich durch die Professorenlandschaft von Berkeley bis Yale und macht sich nun auch schon in Europa breit, als das Ungeheuer von Übersee, als die Wiedergeburt des >Erlösers< in den >Vernunftswissenschaften<. Er leistet nicht mehr als ein Wort, ein behutsames Aufsetzen einer Heiligkeit: Ein Glaube ist heiliggesprochen, *von Menschenzungen heilig,* oder er ist es nicht. Nur der *Unterschied* bleibt mir verschlossen.

269

Das größte Vorurteil der Philosophen unserer Zeit liegt darin, dass sie den »Skeptizismus«, wie sie ihn nennen, von vornherein als falsch abtun. Dass einzige Argument liegt hierin, dass es »absurd« sei, dass wir kein Wissen haben. Warum? »Weil wir doch Wissen haben!« – ganz recht. Aber Wissen ist nichts Festes, immer *bewegt* es sich. Wissen ist nichts, was wir andächtig in uns *aufnehmen,* nichts was wir aus der Natur *herauslesen.* Wir *schreiben* es mit dicker Feder in dicke Bücher, wir *postulieren* es und setzen der Welt ein Hütchen auf.

Was ist das, was ihr »Skeptizismus« nennt? *Wisst* ihr, was das ist? Oder habt ihr nur Angst, euch nach draußen zu wagen? hinaus aus der schützenden Wärme eures Mutterleibs? Wir können auf ihn eingehen, wir können ihn studieren. Und wenn ihr mir folgt, nach draußen, wird euch ein Licht aufgehen. Wer ist das, der »Skeptiker«? *Kennt* ihr ihn? Ein Verbrecher ist er in euren Augen, nichts als ein Bösewicht, der euch den Schlafmohn und den Mohnschlaf raubt. Ihr könnt ihn kennenlernen, ihm die Hand schütteln: So *lebendig*, so *menschlich* ist er, wie ihr es sein mögt. Aber ihr wollt ihn einsperren, dass ihr nur ruhig Schlafen könnt und das Leben verträumt.

Die Universitätsphilosophie unserer Tage beschäftigt sich weit weniger mit der Welt und dem Leben als mit Argumenten. Es ist daher kein Wunder, dass unter dem Strich immer nur leere Worte stehen, wenn über ihm nichts als Sprache zu finden ist; denn Sprache drückt nichts aus, als was wir zuvor in sie hineingelegt. Die Sprache beschäftigt sich heute nur noch mit der Sprache, sie spricht mit sich und über sich selbst. Wenn nun die Welt nur Sprache ist: Was wäre ihr Wesen mehr als ein Bündel von Vorurteilen aus grauer Vorzeit? Wenn sie mehr ist als das: Was wäre ihr Wesen, wenn nicht ihre Wesenlosigkeit? was ihre Substanz, wenn nicht ihre innere Leere? Ganz recht, über die Welt lässt sich nichts Tiefes ausdrücken, eben *weil* sie nicht tief, weil sie eine *Untiefe* ist. Kein Grund ist zu sehen, wenn wir in den Brunnen hinab, hinein in das Auge der Welt unseren Blick einwerfen. Ewig wird er fallen, lautlos, ohne ein Ende in Sicht. Wie fühlst du dich in diesem ewigen Dunkel? in dieser *Schwerelosigkeit?* Doch *das* ist die Verwandlung, *das* ist der Übergang: Wie *fühlst* du dich? Fühlst du dich nicht leicht, von allem Grund, von aller Schwermut befreit? Fühlst du nicht die Freiheit, die nur einem Fliegenden vergönnt, der den Sprung in die Tiefe gewagt?

272

Es bleibt nach wie vor unheimlich, wie viele Vorurteile in uns wohnen. Selbst der freieste Geist wird sich ihrer nicht losmachen, nicht entleeren können. Denn er kennt sie nicht: Meist sind sie im Unbewussten. Und er wird sie niemals finden können: Versteckt sind sie im Dunkeln seiner Seele. Und schlimmer als das: Je tiefer sie dort unten schlummern, je dunkler sie sein mögen, desto *allgemeiner* sind sie, desto mehr bilden sie die *Voraussetzung* seines Denkens. Je *notwendiger* ihm eine Wahrheit erscheint, desto *härter* muss er gegen sie vorgehen. Je *tiefer* sie sitzt, desto *mehr Schaden* wird sie der Freiheit antun.

273

Voraussetzungen, Vorurteile, Erwartungen – das ist im Grunde dasselbe ... *Scheusal!*

274

Beweise kann es immer nur innerhalb eines vorgegebenen Systems geben. Aber welches System ist uns denn *gegeben*, wenn wir immer ein allgemeineres System benötigen, um es zu beweisen? Wir müssen es schlichtweg *voraussetzen* und können es immer nur *widerlegen*.

275

Das ganze Geschäft des Skeptikers besteht darin, den Rest der Welt auf ihre oft dunklen Voraussetzungen hinzuweisen. Aber wir kommen nicht umher, sie *dennoch* hinzunehmen, sie als vorläufige Stützen unserer vorläufigen Brücken zu verstehen. Auch die Philosophie kann diesem Dilemma nicht entrinnen: Das ist es ja, was sie zur *kreativen*, zur insgesamt *schaffenden* Philosophie macht.

Wie sollten wir das grenzenlose Chaos unserer Sinnesreize denn *begreifen*, wenn wir sie nicht *vereinfachten*? Wir *müssen* diesen Eingriff vornehmen, wenn wir nicht bloß schweigen wollen, wie die Natur es uns in ihrer skeptischen Gleichgültigkeit vortanzt.

Manchmal muss man tagelang durch die Nächte gehen, durch die Welt wandeln, die Natur, die Stille genießen, und das Herz wird sich verwandeln …

Kannst du diese finstere Straße sehen? die alten Gebäude und Bäume, die sie säumen? Das sind Vereinfachungen unserer Gefühle: »Objektivierungen«, wie man sie nennt. Geh ein Stück mit mir und höre mich: Erinnerst du dich? Als du noch klein warst, ging ich mit dir eben jene Straße entlang, eben jene Häuser hast auch du gesehen, und die Bäume, wie sie uns Schatten spendeten. Aber sag mir: Waren sie auch Bäume *für dich*? oder nicht nur der Schatten? die wohl ersehnte Kühle? das Rauschen der Blätter im Wind? Was waren die Häuser für dich? nicht Farben? und Härte an deinen

zierlichen Händlein, wie sie langsam entlangstrichen?
Und die Straße? war sie nicht der Wandel deiner kleinen Beinlein? ein sanfter Windhauch auf deiner Stirn?
… Erinnerst du dich? Kannst du noch fühlen, was dieser Ort einst für dich war? Doch was hast du getan? Was
haben *wir alle* getan? Vergeistigt haben wir das Leben,
vereinfacht die Gefühle! Eine ganze Welt schufen wir
aus ihnen, eine Götter-, eine Menschenwelt! Was können wir? – wir *konnten* nichts anderes tun! Nun sieh
zu, dass du es weiter treibst, das Rad immer weiter
und schneller spinnst, auf dass die Welt schöner und
reicher werde, die wir uns schufen. – Und doch: Erinnere dich! Besinne dich deines Traumes der Jugend!
Besinne dich der Kühle und des Rauschens der Blätter
im Wind, der finsteren Farben, wie sie mit deinen Augen spielen. Besinne dich des Streichens deiner faltigen
Hände, die kein Haus, die nur Widerstand im Dunkeln
fühlen. Besinne dich des Wandels deiner starken Beine,
und deiner Stirn, und einer feuchten Brise, die dich
küsst …

279

Alles ist Gefühlsausdruck. Nur die Kunst gibt es zu und
will es auch sein. Nur durch *sie* kann das Gefühl in die
Welt gelangen, unverfälscht, in seiner reinsten Form.

Doch durch Gedanken bleibt es unbegreifbar; es bleibt unfassbar und verborgen, dunkel.

280

Wenn ich ein Bild betrachte, etwa diesen Garten: Ich müsste wohl schielen und unscharf sehen, um seine wahre Natur zu schauen. Wenn ich ihn als Baum betrachte, und als Bach und als Felsen – dann ist er schon Unnatur, ist er schon *menschengemacht*. Nichts als ein Artefakt ist die romantische Natur eines springenden Bächleins, einer sich windenden Weide. Doch wen bekümmert das noch, wenn der Schwarm der Romantik ausgestorben, wenn der Wille der Natur vergangen? *Allein* und *einzig auf Erden* schwelgen wir, entzückt über die Schönheit unseres größten Kunstwerkes, unseres mächtigsten Bauwerkes: die Natur.

281

Was uns Nordmännern bis heute verborgen blieb, ist die Lebensfreude und der Genuss des Südens. Selbst *wenn* wir es wagen, selbst *wenn* auch *wir* genießen, wird es immer ein Genuss des Müssens und Sollens, ein ganz und gar *nordischer* Genuss bleiben. Immer fühlen wir uns fehl am Platze, wenn wir *grundlos* das Leben lieben. Der Genuss unserer Sinne ist endlos, doch kaum haben wir uns seiner bemächtigt, werden wir trachten, uns zu revanchieren, ihn uns zu verdienen, zu rechtfertigen. Etwas fehlt uns, etwas quält uns, wenn wir grundlos glücklich leben, wenn wir uns ›grundlos‹ und ›unverdient‹ in der Sonne wälzen. Wollt nicht auch ihr dieser Nacht, diesem ewigen Winter den Rücken kehren? Wollt ihr nicht auch euch befreien von dieser Winternacht, dieser Winterzwietracht, die euch nur müde macht?

282

Zwischen der *nordischen* Lebensführung, die nichts kennt, was ohne Grund, die in allem den bittersten Sinn, die Notwendigkeit allen Strebens zu erkennen meint, und einer sorglos beflügelten *südländischen* scheint es in einer überwiegend *angelsächsischen* Lebensführung einen goldenen Mittelweg zu geben. Erstere kennt den Weltschmerz, den tödlichen Frost des Winters: Sie *weiß*, dass es keine Hoffnung gibt. So war Kafka zwar auf dem Weg gen Süden aber noch zu sehr Nordmann, um die Freiheit zu *ertragen*. Das Leben wurde ihm zur Qual auf seiner Reise: Zwar sah er die Sonne am Horizont ihm zwinkern, doch er konnte nicht Vogel, er konnte nur Feuer sein. Dagegen im Süden, da *sehnt* man sich nach der Kühle des nordischen Geistes. Fliegen? Das kann man hier schon. Hier fehlt es an festem Grund, um sicher stehen zu können: Im Norden hat man den Körper zum Geist, im Süden den Geist zum Körper gemacht.

283

In der ›goldenen‹ Mitte liegt nun das Reich des Angelsachsentums: Hier hat man den *common sense* als Methode der Überzeugungskunst erfunden, den Utilitarismus als Methode des seichten Sollens und noch allerlei andere nützliche Dinglich- und Dringlichkeiten. Man war stets bemüht darum, der Ernsthaftigkeit des Nordens auszuweichen: »Stellt euch bloß vor: Die Philosophen und Komponisten im Norden nehmen es *ernst*, was sie schreiben.« Gelächter ertönt. »Nein, mit dem Fanatismus wollen wir nichts zu schaffen haben.« – Schließlich könnte man erfrieren, wenn man sich mit dem Norden einlässt: Also hat man sich an südliche Klimate gehalten. Aber das Fliegen lernen wollte man auch nicht: Man hat es ja gar nicht geahnt, dass es im Süden auch Vögel gibt, sondern in alter und neuer Manier nur Menschenaffen und Affenmenschen erwartet. So war man schon stolz darauf, mit festen Füßen auf zwei Beinen zu stehen, und hat sich in seichte, ganz und gar *lauwarme* Klimate zurückgezogen.

284

Die Philosophien der verschiedensten Völker hängen viel mehr vom jeweiligen Klima ab als von irgendeiner logischen Analyse. Wir sollten den Angelsachsen nicht übel nehmen, dass ihr versprochenes Gold nichts als Blattgold, ihr Weg der Mitte nichts als ein Hohlweg ist. Wer nur im Trüben fischt, wer den Himmel nicht sehen kann vor lauter Regenschauern und Wolkenbergen, wer den Tag und die Nacht nicht kennt, wer niemals die höllische Hitze und die bitterste aller Kälten ertragen hat: Wie könnte er voll Leidenschaft aus sich hervorstürzen? Wie könnte er Feuer sein und doch das Fliegen lernen wollen? *Klar* muss der Himmel sein, um dies Rätsel zu lösen.

285

Es scheint fast so, als hätte man sich wohl bedacht immer die jeweils *lebensfeindlichste* Eigenart aus den verschiedensten Völkern herausgepickt: Vom Norden her übernahm man den schweren Glauben an den Sinn, nur hat man ihn oberflächlich, schlechthin seicht gemacht. Aus dem Süden hat man nur die Einfalt herausgegriffen – und mit beidem die Leidenschaft verloren, die doch hier wie dort ihre schönste und reinste Form erhielt. Es wäre doch ein Wagnis von nicht allzu ferner Sorte, die jeweils *beste*, also *lebendigste* und *intensivste* Form der Leidenschaft hervorzuheben und in sich aufzunehmen: Ergreifen wir den feierlichen Ernst des Nordens, dringen wir ein in die Tiefe der Melancholie! Erfüllen wir uns mit dem tiefsten Schicksalswillen, dem höchsten Durst, die höchsten Berge zu erklimmen! Doch alle Schwermut, allen Sinn der Welt – lass sie fallen, tief hinein in ihren Brunnen. Alle Last auf deinen Schultern, wirf sie ab – um leichter, um schöner zu werden. Und vom Süden her, nimm dir die Gast- und Sonnenfreundlichkeit! Nimm den hellen, freien Mittag in dich auf: Leb in den Tag hinein, genieße ihn, wohin das Schicksal dich auch treibt! Deine Sinnenfreuden lass Freunde dir sein, lass sie glühen und den Genuss des Lebens verstreuen! Alle verlorene Zeit – streif sie ab, wirf sie fort von dir! Und lass deinen müden, von der Hitze durchwühlten Kopf nicht hängen – deinen Geist, lass ihn leuchten, lass ihn *frei* sein!

286

Der Ausweg aus der Lauwärme und dem Seichttum der Mittelmäßigkeit liegt – wen wird es noch wundern? – in der Extreme. Wir müssen den Frost noch kälter, die Hitze noch höllischer uns werden lassen, um zur Ekstase, zum *dionysischen Klima* zu gelangen. Unsere Extremitäten müssen wir ausfahren, unsere dünnen Fingerlein immer weiter ausspannen, bis sie erfrieren und zugleich verbrennen. Erst in der Extreme geschieht der Wandel zum Neuen, die Verschmelzung der Pole aller Gegensätzlichkeit. Wir müssen den Berg auf die Spitze treiben, das Meer in seine Tiefe pressen. Erst hier *verstehst* du, was es heißt, in der Mitte zu *schweben,* erst hier vermagst du zu begreifen, was die Leere bedeutet. *Platz* bedeutet sie, und *Freiheit, sie zu füllen. Offenherzigkeit* heißt sie, und *Freundlichkeit:* Die Dinge müssen sich nicht ausgrenzen, ihren Platz in der Welt nicht nur für sich allein behaupten. Kleine Fenster haben sie und mit kleinen Herzen winken sie sich zu.

287

Im wahrhaft goldenen China gab es diesen Pfad, der zwischen schaurigem Winter und stechender Sonne an plätschernden Bächlein und leuchtenden, ewigen Feldern entlang verläuft. Man erkennt ihn im lachenden Buddha: Er hat gefunden, was dem Abendland bis heute fehlt. Er hat die Leere erkannt – und er lacht darüber. Er ist zum Niemand geworden – und er lacht darüber. Doch wenn er auch darüber noch lachen wird, dass sein Gold längst vergilbt, dass seine Lehre nur nach Reisbrei schmeckt, und wenn auch ich mit ihm darüber lachen kann – tagelang, wochenlang! –, so will ich ihm doch den Kopf zum Abschied neigen: Leb wohl, mein Freund. Bleib du nur sitzen, wenn du magst, doch ich muss gehen – mein Fuß will es so! Bleib hier und walte deines Amtes, Winden betrachtend mit rundem, freundlichem Gesicht. Doch auf *meine* Gedanken, auf *meine* Meditation müssen *Taten* folgen – meine Hand will es so! Leb wohl, mein Freund: Mein Schicksal ruft!

288

Der Zen-Buddhismus ist keine Religion. Alle Religiosität der alten und älteren Zeit hat ihn verlassen – zu seinem Guten. Man hat sich mehr und mehr ihrer dogmatischen und selbstverliebten Ohnmacht enthoben und ist zu einer ernstzunehmenden, rein *philosophischen* Weltsicht eingekehrt.

289

Meditation ist so etwas wie philosophieren – nur das Gegenteil.

290

Kontrolliere deine Gedanken: dass sie nicht ausschweifen und dir fortgaloppieren.

291

Es gibt Tage, an denen kann *alles* passieren …

292

Kaffee im Magen, Schweiß auf der Stirn: So schmeckt das Leben – lass dich gehen …

293

Über den tiefsten Willen: *Ich will nur mein Schicksal!*

294

Das ist es: Wenn ich *nicht* mein Schicksal will, dann will ich nur das nicht, was ohnehin eintreten wird. Es hemmt nur den Rausch, es mildert ab das Leben.

295

Wie überwinden wir die Postmoderne? – oder um es allgemeiner zu fassen: den ganzen Postismus? Ich sehe nur eine Möglichkeit. Zuerst müssen wir uns darüber klar werden, was diese alte Ära auszeichnet, die wir immer wieder nachahmen, selbst dann, wenn wir gerade das Gegenteil versuchen. Was ist es, was unsere Ahnen bewegte, von dem selbst wir Postmodernen nicht ablassen können? Was ist es, was diese Ära in all ihren

Formen der Kunst, in all ihren Epochen ausdrückt, was sie von einer neuen, einer kommenden Ära unterscheiden soll? Das weit größte Thema seit Sokrates war Gott: ob in seinen Ursprüngen, seinen Höhepunkten, ja selbst in seinem Tode noch. Von Augustin bis Thomas, von Goethes ›Prometheus‹ bis Nietzsches ›Antichrist‹ hat er die Menschen bewegt. Ja, selbst in seiner Verneinung noch findet sich der Eifer, noch gerade *in* dieser Verneinung: im A-theismus. Aber der Begriff Gottes ist nicht weit genug, er findet sich nur dort, wo ausdrücklich von der Religion als solche die Rede ist. Die zu überwindende Ära ist mehr als das, drückt mehr aus als bloßen Gotteswahn. Weit allgemeiner noch ist die Auffassung einer beständigen Welt, die auf festem Grunde stehe, einer ursprünglichen Ordnung, die wir zu ergründen suchen. Weit tiefer liegt der Anspruch der Menschen, festes Wissen über sie zu erlangen. Schließlich treffen sich alle Formen der Kunst und Kultur, alle Epochen der uns bekannten Menschheitsgeschichte in einem Punkt: einem archimedischen Punkt. »Nur einen Punkt, der fest und unbeweglich sei, verlangte Archimedes, um die ganze Erde von ihrer Stelle zu bewegen«, schreibt Descartes: »auch ich darf Großes hoffen, wenn ich auch nur das Geringste gefunden habe, das gewiss und unerschütterlich ist!« Aber in ihm findet sich schon die Wende zum Neuen, gerade *weil* er über diesen Punkt sich äußert, gerade *weil* er ihn nicht grundlos hinnimmt, ihn *beweisen* muss – wenn er auch hierzu wieder nicht ohne Gott auskommt. Wie Descartes erging es all seinen Nachfolgern bis zum heutigen Tage, eben weil allesamt noch in dieser alten Ära schwelgen und den Ausweg nicht sehen, ihn nicht sehen können oder wollen. Aber man hat den *Punkt* gesehen, der die Welt im Innersten zusammenhält: *Dass es ihn geben muss,* ob fern oder klar – das ist es letztlich, was uns Kinder des Sokrates auszeichnet.

296

Wie lösen wir uns nun, wo wir uns wähnen, den inneren Wesenskern dieser alten Ära gefunden zu haben? Wir werden uns einig sein, dass der Übergang nur in der *Abschaffung* des archimedischen Punktes liegen kann. Wir müssen uns freimachen vom altehrwürdigen Weltbild eines festen, unwandelbaren Seins, wir müssen es loswerden, um uns vom Absoluten – *loszulösen*; um frei zu sein – *zu werden*. Aller >natürlichen< Ordnung des Kosmos müssen wir den Rücken kehren, uns aufraffen und von allem Passiven befreien, von aller Weisheit, die uns Reinheit verspricht, von allen Wahrsagern, die uns die Sterne deuten. Lügner sind sie, die uns zurückhalten wollen, Hochstapler, die immer tiefer stapeln werden, wenn ihr

nur ausbrecht, aus euch herausbrecht, wenn ihr das Tor,
den hohen Bogen in ein neues Zeitalter sehen könnt!

297

Ich glaube kaum, dass sich dieser Schritt im öffentlichen
Raum, gar auf einer politischen Ebene durchführen lässt.
Er muss im Privaten gewagt werden, im individuellen
Leben. Er muss unter Freunden, in engem Kreis disku-
tiert werden, bis er sich in deinem Herzen einfindet und
dir die Einsicht in einen neuen Morgen schenkt.

298

Sich mit etwas Höherem identifizieren: Das ist das
Machtmittel, der Ursprung aller Bewegung der Massen.
Sich mit nichts identifizieren als mit sich selbst: Das ist
der Feind aller Ideologie.

299

Wenn ich vom Taumel in den Abgründen des Lebens,
von der Verworrenheit meiner Selbst absehen müsste,
um einzig den klarsten Gedanken zu fassen, der irgend-
wo tief in mir schmort, dann wäre es wohl dieser: *die
Verwerfung jeglicher Ideologie.* Kein Gedanke wäre einsich-
tiger, kein klarer Gedanke lebensnäher, theoriebefreiter.

Der Ideologie den Krieg erklären: Das ist der einfachste Schritt des Freigeistes, und gleichsam ein Blick in die Ferne der Zukunft. Vergesst ihn mir nicht, hört ihr? *Lasst ihn uns niemals vergessen ...*

300

Wenn man mich nun erklären ließe, was der Begriff der Ideologie umfasse, dann ginge meine Antwort bereits in lautem Getose unter, weil sich in jüngster Zeit zwar auch die Ideologen zugunsten der öffentlichen Meinung ideologiekritisch geben, aber doch ihr Entsetzen nicht verbergen können, wenn der Freigeist wieder einmal an ihren Dogmen rüttelt. Ein Hoch auf das Buch: Hier bin ich ganz bei mir, hier plärrt mir niemand dazwischen. Nun will ich es wagen, und stellt euch nur das Getose dabei vor: Die Idee der Freiheit, die Idee der Gerechtigkeit als Politisches verkörpert; das Postulat der Menschenrechte, überhaupt jeglicher natürlicher Rechte; jede Religion, sofern sie der Welt einen konkreten Sinn und dem Menschen ein konkretes Sollen postuliert; und zuletzt jede Moralphilosophie: All das ist Ideologie und will verworfen werden.

Ob es einen Gott gibt? Nun … es gibt die Einen, die seine Existenz behaupten, und ich will es nicht abstreiten; ich will ihren Glauben nicht stehlen, wenn er sie glücklich macht. Doch gegen Eines muss ich doch Einspruch erheben: gegen den Anspruch auf Wissen *von* Gott, Wissen *über* Gott, Wissen über Gottes *Existenz*. Nun … es gibt die Anderen, die Gott leugnen. Nur zu, auch euren Glauben an das Nichts will ich euch nicht nehmen, sofern ihr ihn ertragen könnt. Doch auch euch muss ich einwenden: Wisst ihr *vom* Nichts? Wisst ihr *über* das Nichts? Wisst ihr über die *Existenz* des Nichts oder die *Nichtexistenz Gottes?* Zugestanden, schon im Wissensbegriff sind wir uns uneinig: Ihr seid schon zwei- und ich bin längst wieder vierbeinig. Ihr habt es noch, dieses >Wissen<, über das ihr euch freuen könnt, dieses >Wissen<, das euer Gewissen euch reinigt. Aber mich lasst in Ruhe mit eurer verdreckten, teils versteckten Ideologie. Glaubt, wie ihr glauben wollt, ach wisst auch, wie ihr wissen wollt, aber mich kriegt ihr nicht, mich nicht! Ob es einen Gott gibt? Ich denke die einzige für das Leben relevante Einsicht ist jene, dass Gott tot ist. Ob er existiert oder jemals existiert hat, ist von keinerlei Bedeutung. Gerne überlasse ich die Beantwortung dieser Frage unseren Theoretikern. Natürlich kann jeder glauben, was er will …

Unsere Atheisten sind in zweierlei Hinsicht gläubige Menschen: Zum einen *glauben* sie, dass Gott nicht sei, und halten sich für *ungläubig* – was sicherlich auch stimmt, wenn man sich selbst nur durch seinen vermeintlichen Gegensatz definiert. Zum anderen sind sie mir die größten Moralisten unserer Tage – ja, sie lehnen Gott noch aufgrund ihres *Glaubens* ab. Was ist denn noch *Gerechtigkeit*, wenn der Richter fehlt? Was sagt denn noch ein *Sollen*, wenn der Wille des Herrn ausbleibt? Versteckte Geistliche sind mir die Atheisten unserer Tage.

Es ist leicht ersichtlich, dass der Agnostizismus die höchste Stufe der Reflexion über Gott darstellt und somit am weitesten entfernt von der Religion steht. Der religiöse Charakter nimmt unmittelbar in sich auf, was ihm vorgesetzt wird. Er kann ganz aufgehen in der Schönheit der Religion, er kann sich ihr hingeben, gar sein Leben für sie opfern. Der Atheist hat zwar die Kostbarkeit des Lebens erkannt, aber er ist blind für diese Schönheit geworden. Er sieht sich ganz als der Gegenpol Gottes, kann aber daher immer nur ein Negatives, immer nur die Negation der Religion abgeben. Darin liegt sein

Widerspruch, dass er vorgibt, für sich alleine dazuste-
hen, aber in seinem Unglauben doch immer nur ein
Schaf im Wolfspelz bleibt. Der Agnostiker schert sich
nicht um Schafe und Wölfe – er steht jenseits von Schaf
und Wolf. Nur aus dieser Distanz heraus kann er die
Schönheit der Religion erkennen und doch ihren Sinn
leugnen, kann er das Leben in seiner Kostbarkeit begreifen – *und es auskosten.*

304

Fast gläubig bin ich in meiner Religion – *des Lebens ...*

305

Im Vergleich eines überwiegend *westlichen* und eines
überwiegend *östlichen* Weltbildes stellt sich eine maßgebliche, in die Zukunft weisende Einsicht heraus. Wir
im Westen wollen nicht ablassen von der Vorstellung
einer vom Menschen *unabhängigen* Ordnung der Welt,
der Vorstellung eines von ihr losgelösten Gottes, der
über Wahrheit und Falschheit richtet. Auch heute noch
meinen wir, dieser durchaus *vorausgesetzten* Ordnung auf
rein *passive* Weise immer näher zu treten: Wir *ergründen*
die Welt und so nähern wir uns Gott an. Im strengen Gegensatz dazu steht jene östliche Vorstellung, nach der die
Welt keinen Herrn hat. Eine Ordnung wird immer nur

von *Menschen* postuliert, die sich anmaßen, mit ihrem Geist *über* der Erde zu schweben. Wie sollte ich euch glauben, wo ihr damit doch nur eure Macht erheben *könnt,* selbst wenn ihr dreinblickt wie der Wahrheit treue Schäflein? Wie wollte ich Menschen folgen, wo ich doch selbst ein Mensch bin? Wie wollte ich sie über mich stellen? Chaos, nichts als Chaos hat uns der Schöpfer hinterlassen und sich im Meer des Unvorstellbaren verloren. Hier auf Erden herrscht Anarchie: Krieg oder Einsicht.

306

Dass wir die Welt als unbeschriebene Blätter rein *passiv* in uns aufnehmen – das ist das größte Vorurteil der westlichen Kultur. Allein schon, dass wir passiv über sie reflektieren – ist das nicht eigenartig? Müsste man so nicht sagen: »Wir *werden* reflektiert«? Aber *wen* von uns reflektiert die Welt? wer soll dieses passive Medium sein? Der Philosoph etwa, der sich in sein Kämmerchen zurückzieht, um zu *denken?* In dieser Hinsicht wäre er wohl das *aktivste* Medium, der seine Sinne zuschnürt und sich der spekulativen Vernunft hingibt. Oder der Forscher, der mit Hypothesen um sich wirft, um seiner Welt Gesetze vorzusetzen? Er entwirft sie, er *setzt.* Wie? Und wir *ergründen* die Welt? Wir nehmen sie in uns auf? All das ist möglich, doch nur eines scheint sicher: Wir *schaffen* sie.

Auch der klassische Konstruktivismus setzt eine wahre Welt im Verborgenen voraus und damit die Auffassung, dass die Gegenstände, die uns im Leben begegnen, nicht wirklich, nicht real seien. Aber es gibt nur eine, nur diese eine Welt des Lebens. Alles, was wir sagen können, ist dieses, dass sie wirklich ist, und dass wir sie geschaffen haben.

308

Das östliche Weltbild hat die Leere erkannt und fordert nun, dass wir in das ursprüngliche Chaos, in diese Leere zurückkehren. War so viel Schlechtes an der Erschaffung der Welt? war so viel *Hässliches*? Lasst uns nach *vorne* schreiten, lasst uns die Leere begreifen und lernen, sie zu *füllen* – ein Fingerzeig genügt. Aber lasst sie uns *freundlich füllen* – lasst der Leere ihre Freundlichkeit und bewahrt der Fülle ihre Schönheit. Wir *können* die Welt bereichern, wenn wir nur auf beide acht geben: an der Leere nicht verzweifeln und die Fülle nicht zu ernst nehmen. Denn wir können alles auffüllen, wir können alles schaffen, nur den Sinn können wir nicht schaffen. Der Sinn müsste schon geschaffen *sein*, von einem *anderen*, einem *höheren*. Aber es gibt keinen Herrn der Welt. Nur die Schönheit gibt es und jeder Sinn würde die

Freundlichkeit töten. *Jeder* Sinn der Welt hat die Freundlichkeit immer und immer wieder getötet. Ohne Freundlichkeit herrscht Krieg im Herzen; Krieg im Herzen führt zu Krieg in der Welt; Krieg in der Welt ist der Tod der Freundlichkeit – versteht ihr den Kreislauf? Wenn wir erst die *freundliche Schönheit* mit unserem Herzen erkannt haben, dann besteht kein Grund mehr zum Krieg, dann besteht kein Bedürfnis mehr nach dem Sinn.

309

Wir sind Tiere. Wir essen, wir trinken, wir schlafen; wir haben Bedürfnisse. Was uns auszeichnet, ist der wohl am weitesten entwickelte Geist: zu unserem Guten und unserem Schlechten …

310

Die Dichter wie Baudelaire haben sich ganz und gar dem Irdischen hingegeben; und nicht, dass sie darin bescheiden wären: Das Göttliche liegt für sie im Irdischen, hier bei uns liegt es, ausgebreitet, vor unsern Füßen. Durchaus können wir auch alles heilig sprechen, was uns beliebt: Dieser Wein hier, diese Wiese, diese Welt ist heilig! Welch Idylle nun mit einem Mal in unser Dasein weht, wie der Wein mit jedem Tropfen kostbarer, der Wind mit jedem Flügelschlag der in ihm raschelnden Blätter frischer, willkommener uns wird. Nur zwei Gefahren birgt diese Idylle des Dichters. Dem Hedonismus, der himmlischen Sinnenliebe ist der Freigeist zwar wohlgesonnen; doch er wird in sie einsinken, sich selbst ertränken, wenn er sich nur *ihr* hingibt. Wenn er nur noch Wein und Weib lobt, nur noch Träublein verzehrt, dann wird auch er einst zur Traube – und in der Sonne verfaulen. Wenn er zweitens die Heiligkeit der Erde einst zu ernst nimmt: Wird er sie nicht gen Himmel erheben und somit selbst erneut zum Schwärmer, zum Prediger? Selbst die blasphemischsten Dichter waren allesamt noch Gottes Narren. Sie tanzen umher und preisen das Leben, aber warum muss es denn Sinn haben, nur weil es schön ist?

311

Doch was können wir *mehr* tun, als guten Wein zu trinken? als diese Schönheit der Welt und des Lebens zu genießen? Der Freigeist will höher steigen, doch er kann es nicht: Auf Erden muss er wandeln, ein Leben lang, bis in den Tod. Der Ausgangspunkt einer neuen Lebensphilosophie kann daher nur das *Fehlen* eines Punktes sein. Entscheidend ist, dass diese Welt nicht bloß ohne Sinn beschaffen, sondern dass ein wahrer Sinn *fehlt*: Ein Vakuum ergibt sich, kein bloßes Nichts. Denn die *Sehnsucht* nach dem Sinn liegt uns noch tief im Herzen, wenn wir auch frei, wenn wir auch freie Geister sind. Die *Leidenschaft* ergreift uns, wenn wir der Wahrheit ins Auge blicken: Einst wollten wir für sie sterben; jetzt wollen wir für sie *leben!*

312

Das schaffende Prinzip ist das Urprinzip des Lebens. Im Schaffen aber liegt nicht der Sinn, sondern der Unsinn, denn ein Sinn *lässt* sich nicht schaffen; gerade *weil* wir schaffen, bleibt er uns verwehrt. Auf Erden lässt sich also immer nur *Irdisches* hervorbringen, niemals Himmlisches, niemals Göttliches. Aber der Freigeist *will* den Himmel, er *will* zu Gott gelangen, ja: Er will Gott *werden*. Doch erheben kann er sich nur durch seine Leidenschaft, durch seine Eigenschaft als sinnsuchendes Wesen. Weil ihm, und *nur* ihm, der Sinn ausdrücklich *fehlt*, kann er nach oben gelangen, in *seinen* Himmel, zu *seinem* Gott kann er sich werden. Was ist die Eigenschaft Gottes? Das *Schaffen* ist die Eigenschaft Gottes. Sind wir nun nicht allesamt Götter, so wahr wir Schaffende sind? Sind wir nicht Götter, wenn wir voll Leidenschaft und Sehnsucht nach dem Sinn immer mehr Sinnloses, immer mehr Maßloses schaffen, und so ein ewiges *Ja* zum Leben in die Welt hinausschreien? Das absurde Kunstwerk vereinigt dies. So heben wir ab. So machen wir uns selbst zum Absoluten.

Sinnenfreude im Hier und im Jetzt, und den *einen* Sinn,
den *wahren* Sinn nur kräftig leugnen! Das *Fehlen* des Sinnes ist das Überirdische: Ästhetik der Sinnlosigkeit ...

Nietzsche hat es geschafft, über den alten Götzen und
den neuen Götzen noch einen dritten, allerhöchsten
Götzen zu setzen: den Übermenschen. Voll Anmut sitzt
er auf seinem Throne und blickt in die Ferne. Was unterscheidet ihn vom Freigeist? Zunächst ist der Freigeist
ein Mensch, der Übermensch ist nur ein Ideal, ein gottloser Gott. Der Freigeist, das sind ich und du. Er ist aus
Fleisch und Blut, hat seine Schwächen und Fehlgriffe,
seine Gebrechen und seinen Schmerz. Er kann traurig
sein, er kann wütend und grundlos mutlos sein. Das
Leben hat auch er an seine Glocke gehängt, ganz wie
der Übermensch. Aber er hat es nicht *über* sich gestellt:
Nichts hat er über sich gestellt. Die Gefahr der Ideologie
ist ihm zu groß, und wie wir sahen, hat man sie bei Nietzsche gefunden, selbst wenn er sie nicht hineingelegt. Der
Freigeist *spielt* nur mit dem Leben, er will kein Ideal, kein
Vorbild sein. Nur frei sein will er, nur frei sein. Und der
Übermensch war – wie ich hoffen mag – *der letzte Götze.*

Gewiss hat Nietzsche das Fehlen eines Sinnes erkannt, und auch die höchste Leidenschaft hat er dafür gewonnen. Aber im Schaffen hat er eine Lösung gesehen, die mich erschaudern lässt: nicht aus Hochmut, nicht aus Fügsamkeit, sondern aus Ablehnung, aus Abtrünnigkeit. Welten können wir schaffen und ewige Schönheit, die niemals verjährt, aber niemals, niemals wird es uns möglich sein, einen Sinn zu schaffen. Kein Argument führt mich zu dieser Einsicht, Argumente sind fruchtlos und leer, nur mein Gefühl sagt es mir. Nur mein Gefühl sagt, dass ich nichts *über* mich, dass ich keinen Menschen, kein Ziel *über* den Menschen zu stellen vermag. Der Gedanke ist groß, er ist leuchtend und klar, doch das Gefühl zerbröckelt, macht ihn klein und unfruchtbar. Hab ich nicht Zweifel um Zweifel gesponnen? Hab ich nicht Lust und Unlust vermehrt? Hab ich nicht jedes Gebirge durchhöhlt? jeden Pfad, jeden Weg unterwandert? Wie mag ich nun vor Zweifeln und Höhlen behütet sein in alle Zeit? Wie vermag ich es nun, eine Brücke zu bauen, über den Fluss, der doch niemals stille steht? der alles zerbricht, was ihm im Wege ist? Ins Meer fließt er und ins Meer ist er immer geflossen. Wie soll ich seine Fließrichtung, seine Flussrichtung wenden? Soll er nach oben fließen, in meine durchhöhlten Berge? Soll er zurück in seinen Ursprung sprudeln, in seine Quelle der

Jugend? Ins Meer fließt er und ins Meer ist er immer geflossen. Schon immer müsste er vom Meer her fließen, in die Berge hinauf, um einen Sinn der Welt zu vermuten. Nur der Mensch ist die Unnatur, nur der Mensch will ihn einsperren und ihn mit Dämmen und Propheten an seinem Flusse hindern. Der Fluss des Flusses: er fließt, ins Meer …

316

Die Methode der neuen Lebensphilosophie bedarf keiner Methode: Es dürfen nur keine Schlussfolgerungen gezogen werden. Keine Wesenheit der Welt darf uns zugänglich sein, keine Struktur lässt sich erschließen. Im Gefühl gibt es nur ja und nein: Es funktioniert – oder nicht; und gewiss ohne *jeglichen* Anspruch. Wer sich hier Schätze erhofft, wer die Welt zu ergründen gesucht, der ist fehl am Platze, der mag sich an ältere, wissenschaftliche Phänomenologen wenden. Wer aber der Ontologie abgeschworen, wer sich für das Leben *als* Leben interessiert, der ist richtig hier, der wird seine Zuflucht finden. Die Methode der neuen Lebensphilosophie: Das ist nichts als Gefühl; und wahrlich *nichts* als das.

317

Allein Cioran hat auf die höchste Form der menschlichen Freiheit als solche aufmerksam gemacht: dass wir uns jederzeit töten können. Der Freitod offenbart uns in seiner Möglichkeit die höchste Macht über die Natur, über die Welt, ja längst über das Leben! Versteht ihr? Wir können jederzeit aussteigen, uns für immer verabschieden – es liegt in unserer Macht! Wir können uns ins Unermessliche verbauen, den Wahnsinn leben und alles riskieren: Wir können das sinkende Schiff jederzeit verlassen. Versteht ihr? Wir alle sind *freiwillig* hier! Jeder kann jederzeit gehen!

318

Die höchste Intensität hat das Leben doch, wenn man jederzeit sterben könnte: in jenen schaurigen Stunden, wenn der Abgrund dich anlächelt, wenn der Asphalt dir zuzwinkert und du nur *noch* schneller, *noch* furchtbarer davonpreschst! Als Gegenstück das Maß, die Sicherheit: Dürfte man sich überhaupt aus seinem Haus heraus wagen, wenn man nicht *er*leben, wenn man nur *über*leben will?

Der Tod ist kein eigentlicher Feind des Lebens. Nur der Tod *innerhalb* des Lebens ist sein Gegner und bitterster Widersacher. Alles Lähmende, ihn Bezähmende bleibt dem Freigeist verhasst; alles Leichte, ihn Befreiende wird ihm zum Freunde. Selbst der Tod, sofern er *frei* gewählt, kann dem Leben dienlich sein, dem Lebendigen ein Trost.

320

Es gibt nichts Höheres; wir *können* nur das Leben genießen. Es geht nur darum, das Leben zu genießen … Aber es gibt eine höhere Form des Genusses, in der die niedere ganz klein wird und in sich versinkt: Der *ästhetische* Genuss steht erhaben über Wohlgefühl und Leid. Bin ich nur für einen Augenblick vom Willen befreit und *sehe sie*, dann löst sich das Band der Trauer, dann löse ich mich auf, und zurück bleibt ein Schauder, in dem ich eins geworden bin mit ihr, mit der *Schönheit*. Bin ich nur für einen Augenblick frei und voller Schaffenswut, dann lösen sich alle Schleier der Bosheit und Güte von ihrem Gesicht, dann *bin* ich nicht mehr, dann ertönt nur noch die Fülle, und alle Oberfläche verschwimmt. Dachtet ihr etwa, die Schönheit sei das Glück und das Ende aller Qual? In der Tat, sie *ist* auch das Ende aller Qual – aber nur, weil die Qual abtaucht, weil sie *mit* der Güte *unter*

der Schönheit versinkt. Weder gut noch böse ist sie: nur
ein tiefes Brummen des Da-seins.

321

Ästhetik ist die *feinere* Lust.

322

Wenn es dir gelingt, in allem Trubel, in allem Kommen
und Gehen, in deinem Leid noch die Schönheit zu erkennen; dann bleibt die ganze Welt stehen, dann bleibt
mit einem Male alles stehen …

323

Schönheit und Hässlichkeit ist das erhabene Gut und
Böse, das erhabene Glück und Leid. Denn das Schöne
erkenne ich auch, wenn es teuflisch und qualvoll mir
wird; auch das Hässliche, selbst dann, wenn es >richtig<
erscheint, selbst wenn es mir hilft in meinem Schmerz.
Die Ästhetik schwebt über allem Sein und Sollen, über
aller Qual der Welt. Nur für *sie* will ich noch leben, nur
für *sie* will ich, dass alles Dasein ewig währt. Ist es nicht
schön, dass etwas da ist, und *wie* es ist? Warum ein Ende
dem setzen – gibt es einen Grund? Wo doch selbst das
Dasein grundlos ist: *grundlos und schön.*

Worin liegt der Vorzug des dionysischen Lebensstils? Wer nur auf den *niederen* Genuss bedacht ist, dem ist der eine wie der andere: ganz gleich ob höchste Höhen und tiefste Tiefen oder die Monotonie der Mitte. Wer aber seine Kurve immer reichlich steil hält, wer sich von gefährlichen Klippen in rauschende Fluten stürzt, nur um den noch höheren Berg, die höchste Höhe zu erklimmen, der wird eine neue, eine *erhabene* Kurve für sich finden. Zuerst wird er sie nur flüchtig erkennen, wird voll Verzweiflung sich nach Maß und Ruhe sehnen. Aber kann er sich durchdringen, kann er sich zwingen, die gefährlichen Pfade weiter zu wählen, ist er stark genug und des Leidens fähig, um in Unter- und Überwelten vorzudringen, dann wird er sie klarer und deutlicher sehen, wird er lernen – *seinem Tal zu verzeihen.* Voller Tränen blickt es ihn an, mit traurigen Äuglein; doch im Spiegelbild erblickt er schon ein sanftes Lächeln: das Ende aller Trauer. Und der Berg zeigt ihm schon den Abgrund, in den er sich stürzen wird; doch die Tränen werden ihn auffangen, um seine Knochen zu schonen. Von einer zweiten Höhe, von einer zweiten Kurve sprechen sie, die *über* den Bergen, noch *über* den Wolken schwebt: eine Kurve, die kein Gut, kein Böse kennt, die jenseits alles Widerspruchs ihre Funken versprüht. Und wenn du die Funken verstehst, so wirst auch du bald ihre Glut finden, welche die deine ist, welche reine Kraft und Hitze ist: die Schaffensglut, die die Schaffenswut entfacht, der Kern alles Kreativen, das Herz all deiner Untiefen – darum *lebe* ihn, *lebe* Dionysos! Nicht *wie* du dich fühlst ist wichtig, sondern wie *steil* du dich fühlst, wie *steil* du lebst. Wenn du dich *zugleich* in Himmel und Hölle befindest, dann hast du es geschafft, dann bist du an jenem Ort, der die Grenzen nicht kennt, der alles verwischt wie die Hand auf dem Ölbild. Spürst du schon die Kraft in ihren Muskeln? wie sie Finger für Finger zu glühen beginnt? *Neue* Bilder, *neue* Welten will sie malen!